怎样上好常态课

常态课

How to Make
A Good Regular Course

Primary School Mathematics
24 Teaching Cases

小学数学教学 24 例

陈加仓 / 著

江西教育出版社
JIANGXI EDUCATION PUBLISHING HOUSE
·南昌·

赣版权登字-02-2024-653

图书在版编目（CIP）数据

怎样上好常态课 ： 小学数学教学24例 / 陈加仓著.
南昌 ： 江西教育出版社，2025.1（2025.4 重印）.
ISBN 978-7-5705-4642-8

Ⅰ. G623.502

中国国家版本馆CIP数据核字第2024K5W200号

怎样上好常态课：小学数学教学 24 例
ZENYANG SHANGHAO CHANGTAI KE : XIAOXUE SHUXUE JIAOXUE 24 LI

陈加仓　著

江西教育出版社出版
（南昌市学府大道 299 号　邮编：330038）

出 品 人：熊　炽
责任编辑：冯会珍
美术编辑：张　延

各地新华书店经销
江西赣版印务有限公司印刷
787 毫米 ×1092 毫米　　16 开本　　17.25 印张　　231 千字
2025 年 1 月第 1 版　　2025 年 4 月第 2 次印刷

ISBN 978-7-5705-4642-8
定价：58.00 元

赣教版图书如有印装质量问题，请联系我社调换　电话：0791-86710427
总编室电话：0791-86705643　　编辑部电话：0791-86708350
投稿邮箱：JXJYCBS@163.com　　网址：http://www.jxeph.com

常态课堂公开的勇气

　　从教31年，我从没有离开过课堂，也从未放弃对课堂的研究，即使担任学校校长、学校党支部书记及区教育研究院院长，也是如此。

　　1993年8月，我走上讲台，先后成为一位普通的体育教师与数学教师。1998年8月，我成为乡镇小学校长。2003年8月，被选调到温州市实验小学任教，两年之后担任教务主任，后任校长助理、副校长。2015年8月，调任温州大学城附属学校首任校长，成为温州市教育局直属学校校长。2019年6月，温州市城区义务教育办学体制调整，温州大学城附属学校由温州市瓯海区教育局管理。2020年6月，兼任瓯海区第二实验小学校长。2021年3月，担任瓯海区教育局党委委员。2022年10月，担任温州大学城附属学校党支部书记、瓯海区教育研究院院长，主要协助瓯海区教育局局长处理教学研究、教育科研、教育教学评价等方面的工作，工作服务与指导范围扩展至整个瓯海区，但是我仍然坚持上课，主要源于——"校长、书记、院长，其本职身份也是老师"。

2023 年 3 月至 7 月，兼任瓯海区梧田一中校长，暂时离开小学课堂。2023 年 8 月，由于工作繁忙，我还是不能给固定班级在规定时间内按课程表上课，但又不想放弃课堂教学研究，于是产生了给全校每个班级上一节课的大胆想法，同时可以借此机会认识并了解全校学生。新学期开始，我执教了几节曾经研究了 20 年的数学拓展课，感觉良好。但是年轻教师林轩屹向我提出了挑战。他说学校里的数学老师更喜欢听我讲教材中的内容，因为学校里的老师比较年轻，对 2022 年版课标理念的理解与在课堂上的落实不到位，教材处理与教学设计不够创新，更需要特级教师进行常态示范引领。既然如此，我大胆地让他"点餐"，我上常态课，也就是他提前一天或者半天告诉我上课班级与教学内容。

"点餐"上课，算是一个"双赢"的做法，既能真正解决年轻教师所需，又能"逼迫"自己再度深入课堂教学研究。从教师角度看，教师点的"餐"其实就是他们心中最困惑的地方，这些课也是他们无法将课标理念很好落地的课。从个人角度看，碍于"个人面子"与"特级正高牌子"，我总是会绞尽脑汁地去思考，于是就有了经常与已结业的名师工作室学员符玲利老师、唐慧荣老师、伍渊泼校长等共同探讨的画面。每次上常态课的前一天晚上，我都是睡不好的，正是这种紧张状态下的思考，让我充分体会到普通一线教师的困惑，面对他们的困惑也就多了一分理解，更多了一种解决问题的办法。

在此之前，我曾有过一次深刻的、较为成功的体验活动。2018 年 5 月 8 日，浙江省小学数学教研员斯苗儿老师第一次莅临温州大学城附属学校指导，温州市小学数学特级教师悉数到场，这次活动同时吸引了 300 多位小学数学教师参与。上午的课堂教学刚完美收官，斯老师就紧接着从学生的角度对执教教师提出了很多犀利的问题，把课堂点评环节变成了有趣且实用的对话。令大家意想不到的是，斯老师对执教教师的导师——我提出了挑战性任务："如果将课堂重构，作为导师，你会怎么上？给你短暂的时间进行思考，下午就上！"这无疑是一颗重磅炸弹，引爆全场。因为上午的活动 12 点 30 分才结束，距离下午 1 点上课只有 30 分钟了。我与几位特级教师、名师一起陪同斯老师在学校食堂用餐。课前 10 分钟，我提前离席准备上课内容。斯老师再次鼓励并强调："不要有压力啊，真不行上 5 分钟也可以。"我沉默不语，只是微笑了一下。下午精彩的"即兴"同课异构课堂诞生了，我用一份简单的素材支撑起整节课的教学。虽临时受命，却演绎得颇有深度，赢得斯老师及在场教师的称赞，"即兴"课堂的教学功底源于我平时在课堂上的坚持。有了这一次自信的挑战，让我有勇气在全国各地展示课堂教学，更让我有勇气让年轻教师"点餐"。

每次"点餐"上课，教室里都坐着几位自己的同事和伍渊泼校长的同事，或者陈加仓名师工作室的学员。他们认真记录着课堂里发生的点点滴滴。当我产生了将这些课例整理成书的想法之后，邀请了林轩屹、郑潇潇、陈纪英、詹赛丹、谢中燕、雷祖听、谷尚品、伍渊泼、李倩如、白常平、李婷玉、徐学蕾等老师帮助整理课堂实录。为了尽量保持这些常态课的"原汁原味"，我未对课例进行过多的修改、润色。

这些常态课，都是我经过一个晚上或者半天，甚至只有 10 分钟的痛苦煎熬而成的。它们都是速成品，虽然考虑不够成熟与深入，但是都凝聚了我 30 多年的课堂育人智慧。虽然它们不是漂亮的表演型观摩课，但都是真实的、可学的课。

不当之处，敬请各位读者批评指正。

陈加仓

2024 年 3 月 9 日

目录

上篇　观点

教学观 | 数学不仅要靠教师教，更要靠学生自己悟

004　一节好课的三个"土"标准

007　上好每一节常态课

010　教学设计要有普适性

014　教隐藏在知识背后的知识

017　让学习方式发生改变

020　优化数学教学中的活动素材

023　在课堂教学关键处发力

026　打破思维定式，开拓空间想象

学生观 | 教师要学会"示弱"与"装傻"，让学生"逞强"

030　不容忽视的逆向思维

034　学习从需要开始

037　将学生"逼"到学习的"墙角"

040　在串联汇报中真正看到每个学生

043   在分层中观照每一个学生

046   也要为笨方法鼓掌

049   怎么会错了呢

育人观 │ 育人不只是讲道理，而是要让学生在数学学习中形成正确的
价值观

054   将育人工作落实到每一节课中

056   留给生命自我修复的机会

058   让课堂像糖一样

061   课堂教学要有"三声"

065   以审辩式思维落实学科育人

068   融入中华优秀传统文化，提升学生文化自信

下篇　课例

常态课课例 ▎数与代数

074　课例 1　小数不"小"
　　——"小数的初步认识"教学实践与思考

084　课例 2　简约而不简单
　　——"分数的意义"教学实践与思考

094　课例 3　得失相反，以负名之
　　——"负数的认识"教学实践与思考

101　课例 4　让计算不再枯燥
　　——"多位数乘一位数复习课"教学实践与思考

109　课例 5　多元表征明算理，运算一致悟算法
　　——"口算除法"教学实践与思考

117　课例 6　教在新旧知识联结处
　　——"除数是整数的小数除法"教学实践与思考

123　课例 7　在沟通比较中理解算理
　　——"同分母分数加减法"教学实践与思考

130   课例 8   直击核心，贯穿运算一致性
          ——"分数乘分数"教学实践与思考

139   课例 9   在沟通比较中形成知识网络
          ——"分数乘除法的复习"教学实践与思考

146   课例 10   构建知识联系，渗透模型意识
          ——"百分数（一）复习课"教学实践与思考

常态课课例 ▌ 图形与几何

153   课例 11   运动视角探索直线位置关系
          ——"平行与垂直"教学实践与思考

161   课例 12   数学课让学生"犯点错"
          ——"点到直线的距离"教学实践与思考

常态课课例 ▌ 统计与概率

171   课例 13   "画"出数据意识，"比"出数学本质
          ——"扇形统计图"教学实践与思考

常态课课例 | 综合与实践

178　　课例 14　在猜想验证比较活动中掌握方法
　　　　　——"搭配（一）"教学实践与思考

185　　课例 15　在分析比较中掌握方法
　　　　　——"排列问题"教学实践与思考

190　　课例 16　在反复尝试与辨析中体会组合思想
　　　　　——"组合问题（一）"教学实践与思考

196　　课例 17　搭配有"法"，循"序"渐进
　　　　　——"组合问题（二）"教学实践与思考

202　　课例 18　学科实践：经历韦恩图的再创造过程
　　　　　——"集合"教学实践与思考

210　　课例 19　体验真实情境，感悟统筹思想
　　　　　——"合理安排时间"教学实践与思考

220　　课例 20　设疑问难，激活思维
　　　　　——"烙饼问题"教学实践与思考

228　　课例 21　关注文化，指向学生素养生长的"博弈"
　　　　　——"田忌赛马"教学实践与思考

236　　课例 22　"植"模型之树，"悟"数学思想
　　　　　——"植树问题"教学实践与思考

248   课例23   逐层比较，优化策略
       ——"找次品"教学实践与思考
257   课例24   数形结合百般好
       ——"数与形"教学实践与思考

265   后记

上

观
点
VIEWPOINT

篇

2022年4月，教育部颁布了《义务教育课程方案（2022年版）》。该方案明确提出了义务教育的培养目标，即培育一代又一代有理想、有本领、有担当的时代新人，为实现中华民族伟大复兴作出新的更大贡献。作为一线教师，我们应创新实践，把育人蓝图变为现实。达成这一培养目标的主阵地就在课堂。以小学数学为例，1～6年级一般每周安排4课时，每学年以39周计算，共936课时。学生数学核心素养的培育，主要在这些日常的常态课中得以落实。因此，教师需要上好每一节常态课，提高每一节常态课的教学质量显得十分重要。

怎样上好常态课呢？教师一方面要"想明白"，就是要结合学情、教材及课标理念对每一节课进行深思熟虑，直到弄清"教什么，怎么教"；另一方面要"教清楚"，教师要处理好预设与动态生成之间的关系，在课堂教学的关键处发力。上课时，如果教师的教学目标不清晰，他则会方向不明确，容易把主要精力浪费在细枝末节上，造成本末倒置。

从教30多年，我不断地将课堂教学经验总结提炼成文，其中一些文章发表在《中国教师报》《小学数学教师》《教学月刊》等报刊上。现从中选取21篇，将它们分为教学观、学生观与育人观呈现。这些也算是我关于怎样上好常态课的一些拙见。

数学不仅要靠教师教，更要靠学生自己悟！没有经过深入思考、亲身实践，教师讲得再多，也只是教师明白，学生不一定明白。学生听明白不一定会做题，会做题不一定会应用。我们应努力改变单一的知识讲授方式，采用适合学生的多样化的学习方式，使学生在探究与思考中学会学习。

教学观

数学不仅要靠教师教，更要靠学生自己悟！

一节好课的三个"土"标准

我常常在一线听课，每每听完课，教师们都会交头接耳讨论课的好坏。那么，一堂课的好坏标准是什么呢？不同的人有不同的评价标准。华东师范大学叶澜教授认为，一堂好课没有绝对的标准，但有一些基本的要求，大致表现在五个方面。一是有意义，即扎实。学生上课，"进来以前和出去之后是不是有了变化"，没有变化就没有意义。二是有效率，即充实。学生在课堂上都应该有事情做。三是有生成性，即丰实。上课不能完全预先设计。四是有常态性，即平实。教师是为学生上课，上平平常常的、实实在在的课。五是有待改善，即真实。只要是真实的就会有缺憾。从教 30 多年，我从实践角度领悟了三个"土"标准，与大家交流分享。

一、好课标准：不出汗

2012 年 4 月 16 日，我应邀参加了"千课万人"全国第二届学导课堂研讨会，决定将之前研究了很长时间的课"怎样做最大"带到省城杭州进行展示，这是我从教生涯中第一次在大型体育馆内借班上课。在我固有的观念中，省城杭州的学生应该比我任教的温州学生更优秀，学习能力更强。于是，没有对原先非常成熟的教案进行修改或调整，不增加难度也不降低难度。但是，当天的课堂教学出乎我的意料，学生回答问题都说不到关键点上，学生的学习能力跟不上原先的教学预设。为了完成教学任务，我不断地启发学生思考，并硬拉着学生往前"走"。一堂课下来，我满头是汗，确切地说，是全身是汗。上一节课，为什么教师满头是汗或者全身是汗呢？这不是踩三轮车，也不是拉板车。当时，我悟出一个道理——"上得满头是汗的课肯定不是好课"。

如果一位教师上课上得满头大汗，一般有两种可能性：一种是教师课上全身心投入、激情澎湃，无疑这样的课一般都是好课；还有一种可能，就如上述例子中的我，因为课前设置的教学目标高于学生的学习能力，教师为了完成教学目标而硬拽着学生往前"走"，那么学生的学习就不是主动而是被动的，学习兴趣就会大打折扣，学习效果也要打问号。

显然，一堂好课不能急于求成，而应根据学情制定相应的学习目标，让学生全身心参与、主动探究，而教师只需淡定从容地当好学生学习的引导者、协助者。

二、好课标准：过得快

物理学家爱因斯坦用这样一句话来形容相对论："把你的手放在滚热的炉子上一分钟，感觉起来就像一小时；坐在一位漂亮姑娘身边整整一小时，感觉起来就像一分钟。这就是相对论。"就如看电影，一部好电影会让我们发现时间瞬间消失，若是遇到一部"烂片"，我们可能就会索然无味、坐立不安，在煎熬中度过。课堂学习也是如此，有时不知不觉一节课就结束了，有时觉得一节课特别漫长，如果这节课是在漫长中度过的，那很可能不是一节好课。

林语堂曾在课上请学生吃花生米，他说："吃花生必吃带壳的，一切味道与风趣，全在剥壳。剥壳愈有劲，花生米愈有味道。"刘文典上课有时也会给学生惊喜。有一次，他在月圆之夜带学生到操场当着一轮皓月讲起《月赋》。师生和乐，人月交融，让人心向往之。吴宓上课却"像机械一样缜密"，每堂课他都早到，讲课旁征博引，信手拈来，没有一句废话，也无一处错误。我们可以想象在这些民国先生的课堂上，学生的学习是一种享受。

剖析几位先生的课堂，他们均把学生置于真实情境当中，让学生在沉浸式体验中习得知识，所以课堂上的时间过得飞快。

三、好课标准：有亮点

教师在精心准备一节公开课时，一般会重点关注这些问题：引入环节如何有趣、精彩，让听课教师眼前一亮；展开环节如何创新、与众不同，让听课教师意想不到；巩固环节又该如何巧妙设计，让听课教师惊叹；总结环节如何起到画龙点睛的作用，给听课教师留下完美的印象。从导入到总结，每个环节都要创新、出彩，意味着每个环节都是课堂教学的"高潮"，不能说没有可能，但至少是不够现实的，这仅仅是上课教师的一厢情愿罢了。

为什么说希望课堂处处都精彩是教师的一厢情愿呢？如果一节课每一处都是亮点，学生在每个环节都表现得兴趣高涨，并将所有信息装进大脑，留下深刻印象。这需要持续的专注力，对于小学生来说几乎不可能。小学生的年龄特点决定了他们的注意力持续高度集中的时间是有限的，年级越低注意力集中时间就越短，时间越久学生就越容易疲倦，效果适得其反。处处亮点，就是没有亮点。因此，一节课不必处处是亮点，一两个亮点足矣！当然，一节课也不能没有亮点，否则，课堂教学像一潭死水，平静得可怕，学生也就提不起学习兴趣，学习效果自然就差了。

综上所述，一节好课可以千姿百态，但一定是学生全身心投入的，愉快学习、体验充分的深度学习的课堂。

上好每一节常态课

　　常态课是教师与学生在不受外界干扰的情境下进行的真实的、自然的课堂教学。常态课教室里除了上课教师与学生，没有其他教师、专家或领导在场。而公开课不同，它是一种通过公开的形式进行的教学活动，主要面向更广泛的受众群体，比如同行、专家、领导，甚至家长。公开课的地点可以在教室，更多是在微格教室、报告厅，甚至在大型体育馆，等等。公开课与常态课不同，教学时不能只考虑学生，还要考虑除学生之外的更多观众。教师通过公开课展示有创新的教学设计、精彩的师生互动及精湛的课堂教学艺术，给观众留下完美的印象，更多的时候追求的是一种观赏效果。因此，公开课常常需要反复打磨、精雕细琢，一直进行到执教教师及参与导课的领导、专家都认为这是一节最成熟、最精彩、最完美的课为止。通过公开展示课堂教学，以获得广泛的认可与高度的评价。执教教师也因其在公开课中的精彩演绎，成为广大一线教师崇拜的对象。而常态课，不需要也没有机会进行试教，是直接面向学生的最朴素的课堂。

　　网络上很多人分别从不同角度对"常态课和公开课"做了生动形象的比喻。有人认为常态课和公开课就像是"日常做饭和办喜事"，有人认为常态课和公开课就像是"穿休闲装和穿正装"，有人则用"真我和假我"来形容常态课与公开课，还有人用"在家里和在舞台上""原生态的物品和精心雕刻出来的艺术品""家常饭和保健品"等来形容常态课与公开课。总之，公开课不常态，常态课不公开。

　　公开课是打磨课、成熟课。它蕴含着执教教师，还有同事、领导及专家的集体智慧。因此，公开课的教学设计突破常规、较为创新，能够启发广大教师的教学与育人智慧，打开广大教师创新处理教材的新思路。许多优秀教师就是在观摩公开课中成长起来的，还有许多名师也是在公开课的打磨中不断蜕变而成的。因为公开课"逼"着教师不断创新、不断磨炼。如怎样创设更好的情境，怎样更好地展开新知教学，怎样突出课堂教学重点，怎样突破学生学习的难点，怎样引导学生提问……在不断地创新、打磨、反思中，教师成长了。以我执教的"分数的意义"一课为例，1996 年 5 月，我到偏僻的农村小学参加送教下乡活动，感觉此课知识容量大，动手操作耗时，学生理解、概括分数的意义有难度；2005 年 4 月，此课参加市区名校优质课选拔，我以"认识 $\frac{1}{4}$"为重点进行突破，简捷有效；2010 年 3 月，市级推选浙江省特级教师评审对象，我再上此课，在"平均分对象从一个物体到多个物体组成的一个整体"处进行突破；2019 年 3 月，我在安徽省阜阳市上此课，在原来的基础上增加"对平均分的再认识"，让学生理解分得的每份数量相同也是平均分；2023 年 12 月，我在广东省肇庆市上此课，在原来的基础上，增加"数的认识一致性"教学，让学生感受到整数、小数以及分数，都是数出来的。27 年上同一节课，上出了不同的内涵（现已成为常态课，具体见课例篇）。有时甚至觉得上一节公开课胜读十年书。这样的课例还有很多，在此不再赘述。

公开课是教师成长必不可少的，它是课堂教学研究的重要载体。随着教育教学改革不断深入，公开课观摩活动越来越多。一些名师在全国各地展示自己精彩的课堂教学，但是"成名课"就一两节。公开课成了一些名师的表演课，且愈演愈烈，质疑声也就越来越多，不少教师、领导、专家、学者对公开课持有不同的看法。

首先，公开课是精雕细琢的课，不一定契合教育教学现状。上课的学校都是优质学校，上课的班级都是综合实力很强的班级，上课的学生以城市孩子居多。其次，公开课大多表现得高端、大气，对教师更富挑战性。执教教师需要具备较强的表演能力、较强的课堂教学驾驭能力以及动态生成的处理能力。最后，公开课是反复演练的课，与教育教学现场不契合。在不断地演练中，教师对学生可能出现的情况作了很多预设，同时也制订了相应的解决问题的策略。

倡导上好每一节课，落实课标理念，已经成为广大教师的普遍追求与教研趋势。浙江省小学数学教研员斯苗儿老师 30 多年来一直坚持"现场改课"教研活动，以改课推动课改，以好课之势燎原，引导更多的教师上好更多的课。其主要目的就是引导每一位教师上好每一节常态课。常态课并不是教师的随意课，不是教师关上教室大门的任意而为，而是有几十名学生在场的"公开课"。我们应将常态课当作公开课上，将公开课当作常态课来处理。

教学设计要有普适性

多年前，我在温州市共话新课程研讨会上执教了"怎样做最大"一课。该课围绕"怎样把一块正方形铁皮做成一个无盖的长方体铁盒"这个挑战性问题逐步展开教学。学生提出了两种制作方案（见图1-1、图1-2），方案一：先把正方形铁皮的四个角各剪去一个小正方形铁皮，然后做成一个无盖的长方体铁盒；方案二：把正方形铁皮一边的两个角各剪去一个小正方形铁皮，焊接到对边，做成一个无盖的长方体铁盒。

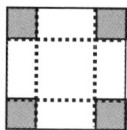　　　　　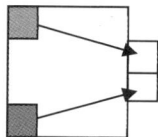

图1-1　　　　　　　　　　图1-2

首先，重点研究方案一，如果正方形铁皮的边长是18 cm，能做几种不同的无盖长方体铁盒？如果剪去的小正方形的边长是整数呢？学生先猜想：在8个不同的无盖长方体铁盒中，哪个容积最大？然后进行验证，得到正确答案，并想象这几个无盖长方体的形状变化情况。紧接着我改变正方形铁皮的边长，引导学生继续研究并发现"当剪去的小正方形的边长是正方形铁皮边长的 $\frac{1}{6}$ 时，做成的无盖长方体铁盒的容积最大"。其次，研究方案二，学生先探讨能做多少种不同的长方体铁盒，后计算容积大小，并比较两种方案。最后，呈现方案三（见图1-3），激发学生的探究欲望，引导学生课外探究。

图 1-3

该课教学紧扣长方体或立方体的容积计算，围绕"怎样做最大"这个核心问题层层展开、步步深入。整节课始终让学生置身于充分民主、和谐的教学气氛中，让学生在"山重水复疑无路，柳暗花明又一村"中感悟数学无穷的魅力，激发探究、创新的热情。

之后，我应邀参加"千课万人"全国第二届学导课堂研讨会。借此机会，我再次展示了这节课。课前我信心满满，但是课中教学状况出乎意料。学生回答问题始终找不到"关键点"，我引导得相当辛苦。虽然也完成了教学任务，但是弄得我满头大汗，甚至全身是汗。说实话，这种感觉很不舒服。在返程的大巴车上，我认真地进行了反思。的确，这是一节数学拓展课，教材上没有相关的研究内容，对于学生来说有点陌生，因此，课堂教学出一点意外也很正常。为此，我忍痛割爱，对这节课进行了"瘦身"，将研究内容进行了删减。将教学聚焦在方案一上，不再研究方案二，而是简单地向学生介绍方案二，让学生在课外研究。减少了研究内容，就可以适当地放慢教学节奏，教学效果应该会更好一些。

我在不同的地方展示了这节课，都有成功的体验。但是，有人说"常在河边走，哪有不湿鞋"，对此，我也有了一点点体会。在浙江省"三江"名师教学展示活动上，我执教了这节课，效果却很一般。先让学生猜想"把边长为 18 cm 的正方形铁皮的四个角各剪去一个边长为 1 cm、2 cm、3 cm、4 cm、5 cm、6 cm、7 cm、8 cm 的小正方形铁皮，做成 8 个不同的无盖长方体铁盒，哪个容积最大"，学生沉默，我只能自问自答。学生进行验证时，积极性也没有那么高，整节课教学如同喝白开水，没有一点味道。于是我开始反思：我已经对原先的教学设计进行适当优化了，为什么学生还是不愿意参与、没有兴趣？问题出在哪里？是太难了吗？

浙江省小学数学教研员斯苗儿老师听课后，给我提出了非常好的建议。她问我："这节课上，学生为什么不发言呢？"我疑惑地回答："农村孩子纯朴，没有上过公开课，没有见过大场面，难免会有些怯场。"斯老师笑着说："这当然是其中一个原因，但是更重要的还在于教学设计需要进行调整。"我更疑惑了，她补充道："教学设计不能只适应你原来工作的温州市实验小学学生，也不能只适应你现在工作的温州大学城附属学校学生，还要适应更多乡镇、农村学校的学生。"并强调教学设计要具有普适性。

我恍然大悟！当时，我已从教 20 多年了，虽然在设计教学时会考虑学情，但对普适性显然不够重视，导致公开课时而成功、时而失败，深一脚浅一脚的。在斯苗儿老师的指导下，我在课前做了一件事，在课中又做了一件事，使得这节课在不同的乡镇学校、农村学校都能够成功地进行展示。那么，我做了哪两件事呢？第一件事，让学生在课前先尝试着将一块正方形纸板做成一个无盖长方体，为课中探究积累相关的数学活动经验。第二件事，在学生猜想"哪个无盖长方体铁盒容积最大"之前，让学生先将边长为 18 cm 的正方形方格彩纸动手剪一剪，折成一个无盖的长方体，为学生猜想提供直观材料。学生有了动手操作之后，就不会无话可说了。有的学生根据剪后纸张的面积大小来猜想做成的无盖长方体铁盒容积的大小，有的学生根据做成的无盖长方体铁盒的形状来猜想做成的无盖长方体铁盒容积的大小，有的学生根据剪去的小正方形边长的大小猜想做成的无盖长方体铁盒容积的大小。不同的猜想，激发了学生探究的欲望。学生研究兴趣高涨，教学效果自然就会好。

在教学生涯中，每位教师都会有公开课不够成功的经历或者体验。我们往往会将失败归咎于借班上课的学生不够优秀、探究能力不强、阅读理解能力不强或者回答问题不够积极等。其实，我们应更多地从教师自身上寻找原因，如上课语言是否幽默有趣、教材处理是否科学合理、教学设计是否符合学情等。对教师自身进行失败归因剖析，才能更好地增长教学与育人智慧。

教学设计具有普适性这一要求，让我重新回头看，对曾经研究的许多数学课及数学拓展课，进行了"回炉"研究，完善了原先的教学设计。教学设计要具有普适性，并不是指简单地降低知识教学的难度，而是要为不同地区、不同学校、不同班级的学生提供共性的、有弹性的教学设计，只需要在课堂教学中，根据学情的差异稍做调整即可。要想使教学设计具有普适性，教师需要对新知学习进行分层探究设计，低门槛进入，步步为营，层层深入，让学生拾级而上。

教隐藏在知识背后的知识

      教材往往将数学知识以例题的形式呈现，按由浅到深、由易到难螺旋上升的原则进行编排。教材往往借助问题情境呈现知识，利用对话的方式较为详细地呈现一般思考的过程、解题步骤及答案，让教师一看就知道教什么，学生也能独立学习。教材中的知识点呈散状分布，没有以结构化方式呈现；教材呈现的内容往往是显性知识，没有呈现知识背后的数学本质，这就是教材编排的特点。但是，教与学不能停留在知识的浅层、表层，还要将隐藏在知识背后的核心内容呈现给学生。

      那么，什么是隐藏在知识背后的核心内容呢？以人教版数学五年级下册"分数的意义"一课为例，这节课是在对分数有初步认识的基础上进行学习的。分数从第一阶段的学习过渡到第二阶段的学习，平均分的对象从一个物体或一个图形过渡到一些物体组成的整体；平均分的理解也从形状、颜色、大小的平均分抽象到数量的平均分，不再强调组成这个整体的个体是否完全相同，只要每份分得的数量相等即可，这是对平均分的再认识。然而，遗憾的是，教材内容没有触及该知识点，教学参考书上也找不到相关内容。但是，这种知识点恰恰是学生思维的碰撞点，是学生发展审辩式思维的好素材，也是隐藏在知识背后的核心内容。我曾在教学"平均分的再认识"时，向学生借了 8 支笔，再请学生拿出这 8 支笔的 $\frac{1}{4}$。学生迅速将 8 支笔分成了 4 份，拿出其中 1 份（2 支），全班学生都表示赞同该学生的做法。稍做停顿，学生在仔细观察这 8 支笔后便会改口，理由是这些笔的长短、粗细都不同，不属于平均分，不能用其中的 2 支表示 $\frac{1}{4}$，且多数学生对此观点进行了附和。赞同的学生认为，它们都是笔，属性相同，且支数相同，就是平均分，可以用$\frac{1}{4}$表示。我紧紧抓住这两种完全不同的观点，引导学生进行辩论。当辩论到多数学生赞同时，我开始介入，借用家庭总人数为例说明，即计算家庭人数时，是不考虑家人年龄、性别、身高、体重的；同理，以班级人数这一真实情境为例，将全班分成人数相同的 4 个小组，则每个小组人数占全班总人数的$\frac{1}{4}$，也是不用考虑学生性别、身高、体重等非本质因素的。借助辩论、联系生活实际，最终使学生对平均分有了进一步的认识。

在"隐藏在知识背后的知识"这句话中，前一个"知识"是显性的、看得见的，后一个"知识"是隐性的、看不见的。前者在知识的浅层或表层，后者在知识的深层或内核处。前者需要后者进行补充，学生才能看到并形成一个完整的知识结构。只有教师教隐藏在知识背后的知识，学生才有可能学隐藏在知识背后的知识。只有这样才能让学生真正从在知识外围打转走向对知识内核的深度思考，从而构建知识的整体性、系统性与内在联系。

如何让学生体会到隐藏在知识背后的知识的价值呢？下面以福建师范大学章勤琼教授执教的一年级数学课"小明的一天"为例，谈谈如何基于学生视角感悟隐藏在知识背后的知识的价值：

课前，学生已经认识了整时钟表，知道钟面上分针指向 12 时，时针指向几，就是几时。上课伊始，章教授让学生在圆上表示出 8：00。学生先将圆等分成 12 块，分别写上 1～12，然后再画出时针指向 8，分针指向 12，表示 8：00。那么，为什么 8：00 的分针要指向 12 呢？为了让学生明白这背后的道理，章教授提问：谁能在钟面上找到第 13 个数？通过寻找，学生发现躲在 12 背后的数是 0。8：00 代表时针指向 8，分针指向 12 也就是指向 0，0 是隐藏在 12 后面的数，有了 0，分针再按顺时针方向走 1 小格，钟面显示的就是 8：05，学生就能很好理解了。同理，当分针指向 12 时，它代表了上一个小时的结束，找出的背后的 0，它就是下一个小时的开始。24 小时计时也是如此，时针走完 24 小时，指向 24 时，它是一天 24 小时的结束，背后的 0 告诉我们它也是第二天的开始。找出钟面上 12 背后的 0，就打通了时间的循环。

　　教隐藏在知识背后的知识，需要教师在备课时挖掘出、寻找到隐藏在知识背后的知识，并在此处展开教与学；教隐藏在知识背后的知识，需要教师具备扎实地、创造性地处理教材的能力；教隐藏在知识背后的知识，需要教师真正把准学情，在教材与学生之间架起一座桥梁。

让学习方式发生改变

近年来，"关注学生""以学生为本"的呼声越来越高。课程改革也倡导"为了每个学生的发展"，学校教育正努力从学科本位、知识本位向学生本位转变。教师的学生观也随着基础教育改革的深入而发生根本性的转变。对于学生而言，他们在学校参与的最主要的教育活动就是课堂学习。课堂中，学生的学习要想从被动转为主动，其学习方式就要发生变革。

当前的常态课一般是学生被动地听教师讲解或以教师示范为主，学生主动探究的时间相对较少，学习效果一般。而探究型课堂具有活动性、任务性、合作性等特点，这些特点足以体现学习方式的改变。如何才能设计出以学生为主体的主动性、探究性的课堂教学呢？首先，教师要树立这样的意识：课堂是学生的课堂，是学生自主探究的课堂，教师在课堂中仅是帮扶者的角色。其次，教师要充分了解学生的学情，知道学生的学困点，读懂教材，明确教材的结构及重点。最后，教师要根据教材与学情设计有层次的、适合学生的探究活动，实现教学方式的改变。

一、"半扶半放"型探究

以小学数学"图形与几何"领域为例，有些知识点是学生比较难理解的，这些知识点需要让学生主动去探究。但是，学生在自主探究的过程中会遇到一些困难，这意味着教师不能当"甩手掌柜"，在学习关键处需"扶"一下学生，这时就可以采用半扶半放型探究学习方式。教师要精心组织、策划教学活动，重点部分要把舵，小结部分要帮助学生归纳，有争议的地方需要阐述正确的观点。

例如"真分数和假分数"一课，我们可以让学生根据自己的理解用圆形纸片表示 $\frac{5}{4}$。学生一般有两种想法：一种是将 2 个圆平均分成 8 份，将其中的 5 份进行涂色；另一种是将 1 个圆平均分成 8 份，将其中的 5 份进行涂色。显然，学生的思维困惑点落在：究竟用 1 个圆作单位"1"，还是用 2 个圆作单位"1"呢？此时我们需要介入并"扶"一下学生：引导学生先弄清 $\frac{5}{4}$ 里面有几个 $\frac{1}{4}$，再想 1 里面最多有几个 $\frac{1}{4}$，显然少了 1 个 $\frac{1}{4}$，然后思考怎么表示 $\frac{5}{4}$。应该增加 1 个单位"1"，再将增加的这个单位"1"平均分成 4 份，涂出其中的 1 份，合起来就是 $\frac{5}{4}$，这样还帮助学生理解了 $\frac{5}{4} > 1$。而不是将 2 个圆看作单位"1"，错误地得到 $\frac{5}{8}$。

从操作"均分"的视角，学生无法确定什么时候要将 1 个圆看作单位"1"，什么时候要把 2 个圆看作单位"1"。教师只有从分数单位累加的角度，才能更好地帮助学生理解假分数为什么"假"，从而更好地发展学生的数感。

再如，相邻两个面积单位之间的进率为 100，学生很容易将这个知识点与长度单位之间的进率混淆。学生通过推理（如 1 m² = 1 m × 1 m = 10 dm × 10 dm = 100 dm²）很容易得到 cm²、dm²、m² 之间的进率，但是该教学过程给学生留下的印象不够深刻。学生得来知识全不费工夫，之后也会忘得很快。尤其到了高年级，这些面积单位与其他计量单位混合在一起，很可能就会在学生的头脑中形成一团糨糊。因此，教师要指导学生将若干面积是 1 cm² 的纸片拼成一个边长是 1 dm 的正方形，甚至将若干面积是 1 dm² 的纸片拼成一个边长是 1 m 的正方形，用多种方法帮助学生掌握面积单位之间的进率。虽然动手操作探究很耗时，但是会在学生的头脑中留下深深的烙印，能够帮助学生建立正确的面积单位表象。

二、开放型探究

有些课堂学习素材，可以通过小组合作的方式学习，此类学习素材就采用开放型探究学习方式。在开放型探究中，虽然学生不需要被"扶"着走路，但在关键处还需教师指引方向。当学生探究进入"死角"且长时间走不出来时，教师要引导其"回头看"；当学生探究走到"十字路口"时，教师要引导其"辨方向"；当探究路径不多时，教师要引导学生"另辟蹊径"。教师需要引导学生学会合作，有时还需要让学有余力的"小老师"离开座位，帮助暂时不会的学生共同完成探究任务。

例如"梯形的面积"一课，学生需要推导梯形的面积计算公式。虽然学生已有长方形、正方形、平行四边形、三角形等面积计算的探究经历，也积累了相关活动经验，但如果完全放手让学生进行探究，多数学生将无法获得成功体验。一是梯形的面积计算公式的推导过程相对三角形和平行四边形来说更难一些，尤其是学生理解"上底＋下底"相当于平行四边形的底有难度；二是推导方法多样，多元推导方法是学生学习的困难点。因此，探究梯形面积计算公式可分为两个层次进行，教师点拨后再放手让学生自主探究。

首先，根据方格图上的一个梯形画出一个完全相同的梯形；其次，将两个完全相同的梯形拼成一个平行四边形，这个平行四边形的底等于梯形的上底与下底之和，平行四边形的高等于梯形的高；最后，可得出梯形的面积等于平行四边形面积的一半，所以梯形面积＝（上底＋下底）×高÷2。这种探究方法可以让所有学生获得成功体验。

在此基础上，教师可设置一个挑战性任务："你能用一个梯形推导出梯形面积计算公式吗？"在这一过程中，允许学生用不同的方法进行操作。通过对几种不同的推导方法的比较分析，学生进一步理解了梯形面积计算公式的各种推导方法。学生在推导过程中可以进行个性化思考，在对比过程中找到共性，有利于发展学生的推理意识和空间观念。

优化数学教学中的活动素材

2011 年版课标将课程目标由"双基"变为"四基"，2022 年版课标总目标明确指出：通过义务教育阶段的数学学习，学生能获得适应未来生活和进一步发展所必需的数学基础知识、基本技能、基本思想、基本活动经验。数学活动经验被赋予了更加丰富的内涵，获得数学活动经验与理解数学知识、掌握数学技能、感悟数学思想方法并列，成为数学教育教学的一个更加直接的目标和追求，也使得数学活动经验成为数学课程与教学的核心概念之一。对于一线教师而言，为学生提供什么样的活动素材，这种素材对于学生积累数学活动经验是否具有积极意义，是值得思考的问题。

一、活动素材要简捷有效

很多数学教师不愿意花时间开展让学生动手探究的活动，其中一个很重要的原因在于活动素材设计困难与素材准备耗时。实际上，复杂、花哨的活动素材不一定有效。活动素材要尽量简洁、易操作，学生能很快地理解操作要领并进入探究活动。如"梯形的面积"一课，学生推导梯形面积计算公式至少需要用到三个梯形，其中两个是完全相同的梯形。如果教师准备学具，则太耗时；如果学生准备学具，则往往梯形不够规范。让学生画图推导，同时考虑到画图要用到尺子测量且误差较大、速度较慢等缺点，可采用方格图作为活动素材。学生在画之前先进行想象，比直接拼摆更具有挑战性，更有利于发展学生的空间观念。除此之外，我们还可以利用点子图、数轴、计数器等简单的活动素材，帮助学生开展动手探究活动。

二、活动素材要有探索空间

活动素材除了简洁性，还要考虑其能给学生多大的思维空间。同一个班级的学生，学情不尽相同，一节课准备多种不同的活动素材显然不切实际。因此教师在设计活动素材时，要思考如何只使用一种素材就能照顾到各个层次的学生。"低门槛、大空间"是我设计活动素材的原则，这样才能让更多的学生参与活动探究与思考。比如"画正方形"一课，我发给学生一张画有 25 个方格的纸，让学生利用方格图画正方形，要求所画正方形的 4 个顶点都要在格点上。学生根据边长与面积的关系快速画出面积为 1 cm²、4 cm²、9 cm²、16 cm²、25 cm² 的正方形。"还能画出其他面积的正方形吗？"学生继续寻找面积与方格之间的联系。2 cm² 就是 4 个方格的一半，学生在探索、感悟中"斜着"画出面积为 2 cm²、8 cm² 的正方形。"还能继续画吗？"借助方格图，学生还可以发现长方形的对角线也能作为正方形的边长，接着面积为 5 cm²、10 cm²、13 cm²、17 cm² 的正方形就应运而生了。方格图虽然简单，却能为学生提供充足的想象空间、探究空间与思维空间。

三、活动素材要基于学生的需求

小学数学教材中的活动素材更多的是指向概念的建构、公式的推导，却忽略了学生的学情。由于其文本呈现的静态性，很多教师无法深入解读活动素材，应根据需要进行动态调整。

例如"三角形的内角和"一课，教材先通过让学生分别度量不同类型三角形的三个内角的度数，再算出每个三角形的内角和，初步感知三角形的内角和是 180°，最后引导学生用剪拼等实验方法进行验证，进而得出结论。然而在实际教学中，我们经常会陷入尴尬处境。如让学生用量角器度量三角形的内角和，学生往往会直接给出三角形的内角和都是

180°，很少甚至不会出现 179° 或 181° 等情况。通过访谈发现，在度量之前学生已经知道了三角形的内角和是 180°。课堂上我们期待学生能度量三角形的三个内角的度数并求和，然而到了学生这里却变成了度量其中两个内角的度数，再计算出第三个内角的度数。更有一些学生发现度量的结果不是 180°，于是没有进行重新测量，直接调整度数，凑成 180°。显然，我们的期望与学生的实际操作大相径庭。因此，我在调查分析的基础上，对操作材料做了微调，没有死板地引导学生直接去度量三角形的三个内角的度数，而是先把三角形的三个内角剪切出来，让学生进行度量后，再告知学生它们分别是同一个三角形的三个内角，这样的操作使学生认识到，通过度量的方法还不能十分准确地验证三角形的内角和就是 180°，从而激发了学生采用其他方法进行验证的积极性与主动性，充分体现了操作的必要性。有的学生把长方形、正方形分割成两个完全相同的直角三角形，从而得到直角三角形的内角和是 180°；有的学生利用三角板的各个内角的度数，求出它们的内角和是 180°；有的学生在钝角三角形、锐角三角形内作高，把它们分成两个直角三角形，探索并得到它们的内角和也是 180°。在这节课中，教师教得轻松、学生学得愉快，效果自然就好。

因此，在课堂教学前，教师要精心设计并认真准备动手操作材料，引导学生在"真动手"中研究、思考与总结。总之，让操作成为学生学习的真正需求是我们一线教师永恒的课题，也是上好每一节常态课应该认真思考琢磨的问题。

在课堂教学关键处发力

随着课程改革的逐步深入，我们的数学课堂也在悄悄地发生着变化。课堂上出现了小组合作、动手操作、大家畅所欲言等现象，学生充分发挥了主动性。但是，仍然有许多学生对数学课提不起兴趣，一些教师也为学生的成绩感到失望、焦虑。很大一部分原因是在有限的课堂时间内，教师没有抓住教学内容的关键处进行教学。关键处通常是指课堂教学中有助于学生突破知识重难点的地方，或是直接影响课堂教学目标达成的地方，或是影响学生学习积极性的地方，或是能促进学生深入思考的地方，等等。那么，怎样在关键处发力创建高效数学课堂呢？我结合多年的教学经验和学习所得，认为可以从以下三个关键处发力。

一、在知识衔接处发力

学习者必须积极主动地让新知识与自己认知结构中有关的旧知识产生相互作用，旧知识才能得到更新改造，新知识才能获得实际意义。因此，教师在教学中，要在知识衔接处发力。牢牢抓住新旧知识之间的联系，指导学生通过迁移、类比、对照等方法，进一步完善原有的知识结构，使之系统化、条理化，让学生知其然，并知其所以然。

例如"分数的再认识"一课，在分数初步认识阶段，学生只认识一个物体、一个图形、一个计量单位的几分之一或几分之几，进入分数第二阶段的学习，平均分的对象已经从一个物体过渡到一些物体组成的一个整体，这是学生认识上质的飞跃。分数初步认识阶段，平均分的对象是一个连续量的物体，分得的结果大小相同即平均分；分数意义阶段，平均分的对象是一个离散量的整体，平均分不考虑形状、大小等非本质因素，只要数量相同就是平均分。知识衔接的关键处：把什么看作单位"1"？什么是平均分？这两个问题弄清楚了，学生就能深刻地理解分数的意义。

二、在经验接轨处发力

学生在之前的学习活动中，已经获得一些数学经验。这些经验有时能促进新知识的学习，有时却对新知识的学习起到负迁移作用。尤其是后者，在教学中我们不能回避，应该正面迎击，顺学而导。

例如"小数乘整数"一课，列竖式计算 3.5×3，学生根据已经获得的列竖式计算经验，必定会出现小数点对齐（相同数位对齐）的情况，即将第二个因数 3 与第一个因数 3.5 的整数部分 3 对齐。我们不能对这种竖式视而不见。虽然有少部分学生提前学习，会将末位对齐，但这不能成为我们回避的理由。因此，我们应该在此处发力。先充分呈现学生真实的想法；再进行讨论、交流，引起思维的碰撞；接着呈现 3.5×13 的两种列竖式计算的方法，引导学生在二次比较分析中发现小数乘整数末位对齐，计算更简便；最后用积的变化规律解释算理，处理积的小数点即可。

三、在生成差异处发力

在教学中，我们经常会遇到教学预设与课堂生成不相符的情况。学生不按常理"出牌"，不按教师事先准备好的教案往下"走"，一些教师为了完成教学目标，硬是把学生引到自己的"预设"中，对于学生"异想天开"的生成不加处理。实际上，只有在学生生成差异处发力，处理好预设与生成之间的关系，才能让学生真正理解知识的生成过程，才能演绎出一节满溢精彩的优质课。

比如二年级"分一分"一课，学生用圆代替月饼研究"4人平分3块月饼"并汇报交流。大部分学生的回答是"预设"中的，但有一个学生的回答出人意料："把一个圆对折 2 次，分成同样多的 4 块，每人 1 块，剩下 2 块月饼送给老师吃！"听课教师与全班学生笑声一片。紧接着另一个学生说："把 2 块月饼分给 4 个人，每人分到半块，剩下 1 块月饼也送给老师吃！"还是笑声一片！预设和生成不同，此时我并没有直接介入、示范讲解，而是鼓励学生继续研究，"精彩"终于出现了！

生 1：把 1 块月饼对折 2 次分成同样多的 4 份，每人 1 份；接着再用同样的方法分第二块月饼、第三块月饼。

生 2：我先分 2 块月饼，每人半块，再把剩下的 1 块月饼分成同样多的 4 块，每人又能分 1 块。

生 3：把 3 块月饼叠起来，只要横竖切两刀就可以把它们分成同样多的 4 份，每人 1 份。

生 4：这两刀都只需要切到一半的位置，把每块月饼切出一小块给 1 人，剩下的部分分别给另外 3 人。

此时，教室里响起了热烈的掌声。

打破思维定式，开拓空间想象

在一次五年级数学思维课上，我抛出了这样一道题目：

> 将 36 个相同的小正方体拼成一个大长方体，表面涂色，然后分开，则三面涂色的小正方体最多有（   ）个，最少有（   ）个。

学生很快就完成了这道题，但是结果却出乎我的意料。全班 42 名学生中，居然只有 1 名学生的答案是正确的。

那么，是什么原因导致错误率如此之高呢？回顾这一内容的课堂教学，我们一般通过设置活动操作，让学生体会三面涂色的正方体在顶点上，两面涂色的正方体在棱中间，一面涂色的正方体在面中间，没有涂色的正方体在看不见的位置——体中间，具体见图 1-4。在课上我们还会带着学生建立这一模型。

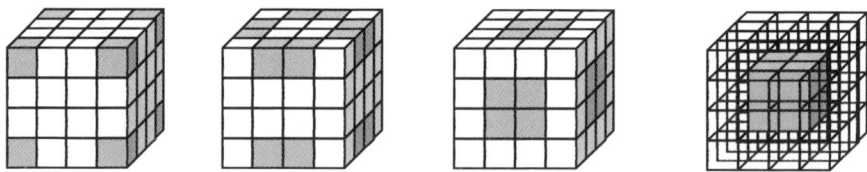

图 1-4

因此，多数学生在研究例题时，往往认为三面涂色的正方体肯定只在顶点上，棱中间、面中间或体中间不可能出现三面涂色的正方体。关于这道例题，我对 300 多位小学数学教师进行了调查，其结果也是如此，可见，学生受思维定式的影响是非常严重的。在教学中，我们应该如何引导学生打破思维定式呢？

一、通过操作，开拓空间想象

用 36 个小正方体可以拼出不同的长方体，学生通过画一画、摆一摆等数学操作，让思维可视化，画出或摆出几种不同的长方体后，学生考虑问题才会更全面，问题才能迎刃而解。当然，在画图与拼摆之前，教师务必要引导学生进行充分的想象，即根据"长方体的体积＝长 × 宽 × 高"，想象画出或摆出的这个长方体的长、宽、高分别是多少，并一一记录下来。如长、宽、高分别为 1、1、36，1、2、18，1、3、12，1、4、9，1、6、6，2、2、9，2、3、6，3、3、4。再进行画图或拼摆学具，具体见图 1-5。如果得到图 1-5 中前 3 个长方体，则三面涂色的正方体有 8 个；如果得到图 1-5 中后 5 个长方体，则三面涂色的正方体分别有 16 个、18 个、22 个、32 个、0 个。

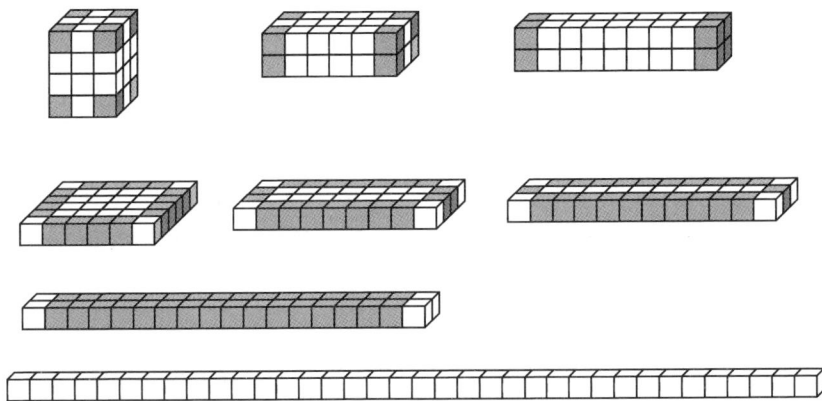

图 1-5

这道题是培养学生空间想象、动手操作等能力的好素材，我们只有引导学生打破思维定式，突破先前的活动经验，才能帮助其打开解题思路。正是因为教师自身及其在教学中忽略了向学生渗透这个观点，所以才导致解决问题"失常"。而我们需要以一种开放的视野审视教材习题，充分挖掘教材习题的教学价值，真正增强学生的空间想象能力。

二、通过对比，填补教材空白

我翻阅了 2005 年初审通过的和 2013 年审定后的人教版数学五年级下册教材，教材的两次编排都只涉及正方体的表面涂色问题，且其他版本的教材也是这样编排的。这样的编排很容易使师生产生"三面涂色的正方体最多是 8 个，最少也是 8 个"的思维定式。针对教材编排存在的不足之处，我们可以设计几道这样的练习题（如有必要可以借助画图手段），逐步打破学生的思维定式。

1. 把 27 个相同的小正方体拼成一个大正方体，把大正方体的 5 个面涂色，然后分开，三面涂色的正方体有（   ）个，两面涂色的正方体有（   ）个，一面涂色的正方体有（   ）个，没有涂色的正方体有（   ）个。

2. 把一个长为 7 cm、宽为 5 cm、高为 4 cm 的长方体表面涂色后，切成体积是 1 cm³ 的小正方体，三面涂色的正方体有（   ）个，两面涂色的正方体有（   ）个，一面涂色的正方体有（   ）个，没有涂色的正方体有（   ）个。

3. 把 20 个相同的小正方体拼成一个大长方体，将大长方体表面涂色，然后分开，则小正方体表面的涂色情况有几种？分别有多少个这样的正方体？

在研究的过程中，学生逐步发现各种涂色情况的小正方体的个数与位置发生的变化，且还会出现四面涂色或五面涂色的小正方体等情况。这样的研究势必将逐步打破学生的思维定式，打开学生解决问题的思路，开拓学生的空间想象。

"教学"一词，"教"字在前，"学"字在后，这也是现实教学的写照。如果教师过于关注"教"而忽略了"学"，学生就不会学了。要想学生学会学习，就要将学生置于课堂的中心，让学生成为学习的主体。关注学生、激发学生、"差异对待"每一个学生是我的学生观。教师要学会"示弱"与"装傻"，让学生"逞强"，激发学生学习的热情和意愿；教师还要学会"差异对待"每一个学生，不期待所有的学生在同一时期"开花"，而要静待所有的学生在不同的时期"开花"。

学生观

教师要学会"示弱"与"装傻"，让学生"逞强"！

不容忽视的逆向思维

逆向思维，也称求异思维，它是对人们司空见惯且似乎已成定论的事物或观点进行反向思考的一种思维方式。小学数学中有很多知识需要学生正向思考，但还有更多的知识需要学生进行逆向思考。逆向思维是一种重要的思维方式，能够帮助学生从不同的角度解决问题。以下面两题为例：

1. 一个三角形的面积是 20 cm²，它的底是 5 cm，高是多少？

2. 一个三角形和一个平行四边形的面积与高都相等，如果这个平行四边形的底是 12 cm，则这个三角形的底是多少？

这是两道需要学生逆向思考的练习题，学生的错误率很高。通过练习发现，全班 46 名学生，有 17 人在第 1 题中出现错误，其中有 13 人出现了"$20 \div 5 \div 2 = 2（cm）$"的错误，还有 4 人出现了"$20 \div 5 = 4（cm）$"的错误；第 2 题居然有 33 人解答错误，其中有 28 人出现了"$12 \div 2 = 6（cm）$"的错误，还有 5 人直接写了"12 cm"。可见，用逆向思维解答练习题对于学生来说一点也不简单。

是什么导致学生在逆向思考时困难重重呢？以平面图形的面积计算为例，学生能顺利地逆用它的面积计算公式解答"已知平行四边形的面积和底（或高），求高（或底）"等问题，但不能很好地逆用三角形的面积计算公式。主要原因是学生的逆向思维能力较弱，教师在教学中又经常忽视学生逆向思维的培养。平行四边形的面积＝底 × 高，反之求底、求高，只要知道"平行四边形的面积 ÷ 高 ＝ 底"或"平行四边形的面积 ÷ 底 ＝ 高"即可。三角形的面积 ＝ 底 × 高 ÷ 2，求它的高，不能直接用它的面积除以底，而是"三角形的面积 × 2 ÷ 底 ＝ 高"，或"三角形的面积 ÷ 底 × 2 ＝ 高"。求三角形面积时需要用底乘高除以 2，求高时为什么要先将三角形的面积乘 2 呢？这是学生无法理解的，也正是对学生逆向思维的挑战。

如何在练习中培养学生的逆向思维能力呢？一定要让学生充分感受逆向思维的形成过程，在对比中感悟，在感悟中提升。

一、在画图操作中感悟

在学习了三角形的面积计算公式之后，设计画面积为 12 cm² 的三角形的操作活动。学生画指定面积的三角形的过程就是思维不断修复的过程。一般情况下，学生会思考 □ × □ ＝ 12 cm²，于是就画出了底为 6 cm、高为 2 cm 的三角形，通过计算发现所画三角形的面积只有 6 cm²，从而调整思路再画；有的学生画的是底为 4 cm、高为 3 cm 的三角形，发现不对再调整思路，通过调整发现只有三角形的底与高的乘积为 24 时，面积才是 12 cm²。

学生讨论思考：画面积分别为 10 cm²、15 cm²、20 cm² 的三角形，底和高分别是多少呢？通过讨论、操作，学生逐渐感悟到"三角形的底与高的乘积是它的面积的 2 倍"，因此，求底或高时，应该用三角形的面积的 2 倍除以高或底。

再设计一个活动：分别画一个平行四边形和三角形，要求两者面积相等，且其中的高或底要相等。从课堂上学生汇报的作品来看，学生画了又擦，擦了又画，不断调整思路，最终才提炼出"等底（或等高）等积情况下，三角形的高（或底）是平行四边形的高（或底）的 2 倍"的结论。

可见，学生在形成逆向思维能力时需要经历由错误到正确、由片面到整体、从正向到逆向的思维过程。

二、在推理中理解

在教学中，我们可以借助直接推理法，达成培养逆向思维的目标。以"已知三角形的面积与底（或高），求它的高（或底）"为例，可以让学生先回忆三角形面积计算公式的推导过程，再引导学生根据三角形的面积计算公式逆推它的底或高。推导过程中需要让学生明白求三角形的高（或底），需要先复制一个同样的三角形，再拼成与它等底等高的平行四边形，这样就可以用"三角形的面积 ×2"来表示平行四边形的面积，然后再用"等底等高的平行四边形面积 ÷ 底（或高）"，得到三角形的高（或底）；当然也可以先用"三角形的面积 ÷ 底（或高）×2"，得到三角形的高（或底），即先把三角形剪拼成一个平行四边形，求得平行四边形的高（见图 2-1），原来三角形的高是现在平行四边形高的 2 倍，所以还要"×2"。对比这两种方法，可以帮助学生提炼"已知三角形的面积与底（或高），求它的高（或底）"的方法。

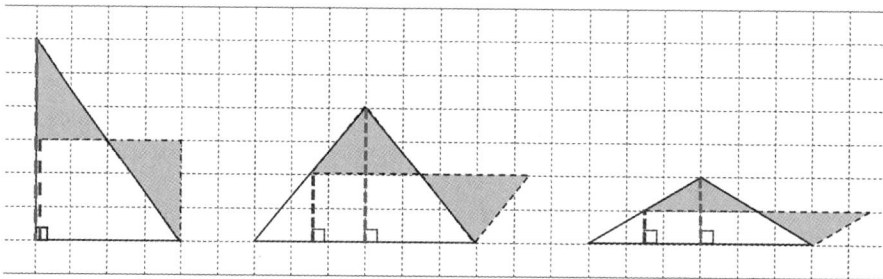

图 2-1

求三角形的高（或底）的过程，一方面再次确定了三角形的面积与等底等高的平行四边形的面积之间的关系，另一方面发展了学生的推理能力和逆向思维能力。

三、在列方程中化逆为顺

逆向思维固然好，但总有一些学生很难理解，更谈不上掌握了。除了上述两种方法，我们要允许学生用正向思维方式解决问题。人教版教材先安排方程学习，再安排多边形的面积学习是有一定目的的。当学生无法运用逆向思维，用三角形的面积计算公式求底（或高）时，我们要允许学生用列方程的方法解决问题。例如，本文开头的第1题，设三角形的高为 h，学生可根据三角形面积计算公式，列方程得 $5h \div 2 = 20$，解方程得 $h = 8$；第2题，设三角形的底为 a，高为 h，学生可根据"三角形的面积和平行四边形的面积相等"，列方程得 $ah \div 2 = 12h$，解方程得 $a = 24$。

在小学数学课堂教学中，逆向思维能力的培养往往容易被忽视，在近几年不强调数量关系、降低学习难度的大背景下，这一现象显得尤为突出。但是逆向思维是数学思维的一个重要组成部分，是思维训练的载体，它能有效地提高学生的解决问题能力和创新意识。因此，我们不能仅关注学生的正向思维，还应注重学生逆向思维的培养。唯有如此，学生的数学核心素养的发展才能成为有本之木、有源之水。

学习从需要开始

学习动机是激励学生学习的心理动因，是发动和维持学习活动的源泉。它在一定程度上源于学生对学习的某种需要。学习应该因"需要"而产生，不应该简单地强制学生学会，只有引导学生在需要中学习数学，才能培养学生对数学的学习兴趣。

一、认知冲突产生的需求

认知冲突是学生已有的认知结构与当前学习情境之间产生的暂时性矛盾，这种矛盾能唤起学生强烈的学习需求。教师在教学中要充分利用这种需求，在化解学生认知冲突的过程中，促使学生积极主动地建构良好的认知结构，激活学生的思维。

曾听过一位优秀年轻教师执教"平方数的差"一课，那堂课引发了我的思考。课始，学生在口算 2018^2-2012^2 时遇到困难，教师化难为易，先让学生在方格图上画图研究，得到 $5^2-3^2=（5+3）（5-3）$；紧接着让学生继续在方格图上画图研究，发现 $7^2-5^2=（7+5）（7-5）$、$9^2-6^2=（9+6）（9-6）$；然后对三道算式进行比较分析，提出了"两个数的平方的差等于这两个数的和乘这两个数的差"；接着画图研究发现 $59^2-41^2=（59+41）（59-41）$；最后画图验证得到 $a^2-b^2=（a+b）（a-b）$，从而归纳出两个平方数的差的计算方法。从表面看，这节课由浅到深、由易到难、循序渐进、数形结合，似乎是一节好课。但是它至少存在两个问题：一是学生不断地画图研究，造成上课时间严重超标；二是学生没有画图研究的欲望。因为五年级学生已经能够口算 5^2-3^2 等题，根本不需要画图研究。他们只是在教师的"强迫"之下画图研究。

于是,我换了一种思路教"平方数的差"。先口算 7^2-6^2、9^2-8^2、12^2-11^2,学生很快得到结果,并且发现 $7^2-6^2 = 7+6$、$9^2-8^2 = 9+8$、$12^2-11^2 = 12+11$,从而得到两个数的平方的差就等于这两个数的和。当学生初步体验到成功的快乐时,我紧接着追问原因。这时,学生不能很好地解释,从而产生了画图研究的需求。弄清原因之后,接着让学生举例计算( )^2 - ( )^2。结果发现很多算式是错误的,学生很疑惑,如 $6^2-4^2 \neq 6+4$,为什么呢?学生再次产生画图研究的需求。那么,第一次发现的结论错了吗?在比较分析中,学生终于明白第一次口算的两个平方数都是相邻的两个自然数,它们的差为 1,可以省略不写。至此,算法归纳水到渠成。

二、任务驱动产生的需求

以往为了提高学习兴趣,教师总是想方设法创设趣味情境,激发学生的学习热情。学生被情境中好玩的"事物""游戏""故事"等吸引,但是兴趣维持的时间并不久,而且很多情境和知识是脱离的,并不能促使学生思考和理解知识本身。这时教师需要提出趣味和思考相融合的一个大问题,在强烈的问题动机的驱动下,让学生紧紧围绕一个共同的任务,进行自主探索及合作学习,并在完成既定任务的同时引导学生产生学习的需求。

比如三年级下册"排列问题"一课。学生已经学过用 1、2、3 三个数字组成多个没有重复数字的两位数,课始,我呈现 1、2、3 三个数字,提出本节课的研究问题:"如果再来一个数字,这四个数字能组成多少个没有重复数字的两位数?"整节课围绕这个大问题展开研究。刚开始,学生会凭感觉回答,如 6 个、8 个、9 个、10 个、12 个、13 个、40 个、75 个等。到底哪个答案是对的呢?此时学生就有了探究的需要,很想知道这四个数到底能组成多少个两位数。学生选一个数字,操作后再全班汇报。我先呈现不完全罗列的，在判断的过程中学生发现了有序思考的重要性。我紧接着追问："你能找到第 13 个数吗？"学生在找第 13 个数的过程中逐渐排除了重复的数，进一步发现了知识的本质。还有学生提出填 0 的时候，就不是 12 个数了，小组合作、思考与讨论自然就产生了。学生在浓厚的兴趣中循序渐进地解决课堂的中心任务，并得出自己的结论。

三、状态变化产生的需求

教学不仅仅要考虑学生的心理需求，还要照顾学生的"生理"需求。教学不仅要因"需"施教，还要适"时"而变。小学知识体系不变，基本教学内容也不变，但是学生的学习状态时常变化。不同时间段，学生的学习状态是不同的。比如，学生在学期初与学期末的状态不同，周一与周五的学习状态不同，上午与下午的学习状态不同，体育课后与体育课前的状态也是不同的。我们在教学中要根据学生的学习状态，灵活地调整教学。比如，下午的数学课，我们尽量不上新课，让学生做一些练习；体育课后的数学课，我们可以让学生先整理一下心情再上课，而且教学内容要适当地减少。

将学生"逼"到学习的"墙角"

近年来，我在不同地方执教三年级"排列问题"一课。课堂上，学生顺着我的思路学习，并没有遇到特别大的困难——

先呈现改编后的例题：

用 1、2、3、□ 组成没有重复数字的两位数，可以组成几个呢？

学生理解题意之后，先对答案进行猜测。结果令人诧异：学生认为用四个不同的数字组成没有重复数字的两位数，可以组 6 个、8 个、10 个、11 个、12 个、13 个、30 个、45 个、70 个、100 个，甚至更多。虽然动笔之后情况有所好转，但依然有部分学生的答案超过 12 个。

接着，以□里填数字 4 为例进行研究，引导学生将答案补充完整。此时，学生容易得到全部结果：12、13、14；21、23、24；31、32、34；41、42、43，共 12 个。教学似乎可以到此为止了。

然而，越是看似没"问题"的课，越需要我们去反思：是真的没有"问题"，还是我们没有把学生"逼"到"墙角"去思考问题？于是，我试着设置"陷阱"——

这一天，我选择让学生寻找"第 13 个数"："谁能找到第 13 个数，谁就是我们班的小数学家。"学生跃跃欲试，先后又找出了 22、29、33、45……但是，每找一个就被其他学生否定掉。此时，学生终于明白了第 13 个数是没有办法找到的。于是，我借机让学生讨论：为什么找不到第 13 个数呢？在讨论交流中，学生发现，当 1 写在十位上时，个位上只能写 2、

3或4；当2写在十位上时，个位上只能写1、3或4；以此类推，得到这样的两位数一共只有12个。原来，有序思考就能不重复、不遗漏地罗列出所有情况。

如果□里填5呢？毫无疑问，学生很快写出12个两位数。此时追问："由此，你想到什么？"有学生认为，不管□里填什么数字，都可以写出12个两位数；有学生反驳，如果□里填0，只能写9个。每当教学推进到此处，总有学生提出反对意见。我借机"推波助澜"，让学生在激烈的辩论中发现01、02、03不符合要求（0不能在最高位）。但在接下来的练习中，我呈现密码锁，让学生用0、1、2设计密码，学生发现012、021又符合要求了（此处012、021是编码，0可以在最前面），从而克服了思维定式。

此课如此，其实，其他课也可以这样。例如"小数的初步认识"一课，先借助计数器数数，学生发现整数是数出来的。接着看课题提问，学生提出：小数是怎么数的？小数是很小的数吗？学习小数有什么用呢？然后以22.5元为例，引导学生发现小数不是很小的数。借机追问：既然小数不是很小的数，那为什么叫小数呢？通过研究，学生惊喜地发现小数和整数一样，也是数出来的。比如22.5中的0.5，就要先将1分成10份，得到0.1后再数，5个0.1就是0.5，0.1是比1小的单位，我们把它叫作小数。若是两位小数，则要将1分成100份，得到0.01后再数。此时，学生理解了著名数学家华罗庚先生所说的"数源于数"的深刻含义，形成了良好的知识结构。

将学生"逼"到"墙角"，这里的"逼"不是强制与压迫，而是激发与激励，"逼"的目的在于激发学生的学习欲望，产生学习的需要，促使学生积极思考、主动挑战并解决问题；这里的"墙角"即学生的最近发展区或认知模糊点，当学生被"逼"到"山重水复疑无路"的"墙角"时，他们往往能在不断试错的过程中迸发出思维的火花，找到解决问题的办法，收获"柳暗花明又一村"的成功喜悦。

在多年教学生涯中，我不断地感悟到学生喜欢数学并不是因为数学很容易，而是数学有一点点难。正是在挑战并解决这一点点难的过程中，学生获得了自我实现的满足，而这种满足将带来深层次的、持久的，甚至可回味一生的快乐。这里的"一点点难"也就是文中所说的"墙角"。我认为，不仅数学课堂需要不断地将学生"逼"到学习的"墙角"，各学科教学皆应如此。

在串联汇报中真正看到每个学生

2018 年 5 月 8 日，浙江省小学数学教研员斯苗儿老师莅临学校指导。上午的课刚刚结束，斯老师就跑上台以学生的视角提出了很多犀利的问题，课堂点评环节瞬间变得有趣且实用。最后，斯老师对上午执教教师的导师提出了挑战性任务："如果将课堂重构，作为导师，你会怎么上？给你短暂的时间进行思考，下午就上！"这无疑是一颗重磅炸弹，引爆全场。我是其中一名导师……

下午，我选择用一份最简单的素材支撑起整节课的教学，其中有两个教学环节获得斯老师的特别称赞。一是猜想环节，用 1、2、3、□（第四个数字由学生自选）四个数字组成没有重复数字的两位数，可以组几个呢？学生猜想 6 个、7 个、8 个、9 个、10 个、12 个、13 个……我将学生所有的答案都写在黑板上；二是学生验证后的汇报环节，我也将所有的答案都写在黑板上，然后引导学生从答案中最小的数字 6 开始研究，到 9，再到 12、13，将学生所有的答案串联在一起逐一讨论。斯老师将这种汇报方式称为串联汇报。

串联原是一个物理学概念，它是指将电路元件（如电阻、电容、电感等）首尾顺次相连。串联电路中的电流会依次通过每个元件，并且各元件两端的电压之和等于串联电路的总电压。斯老师借"串联"一词形象地比喻了反馈汇报的方式，形象、生动又易于理解，与会教师豁然开朗。

在此后的每一节课中，我都特别关注学生汇报环节，努力在课堂上让学生充分表达自己的想法，让更多的学生有上台展示自己的机会。

以"数与形"一课为例，课前我先介绍了著名数学家华罗庚先生的名言"数缺形时少直观，数形结合百般好"，再呈现算式 1+3+5+7+9+11。第一，让学生计算这道算式的和，有的学生用"1+11 = 12，3+9 = 12，5+7 = 12，$12 \times 3 = 36$"的方法，有的学生用"9+11 = 20，3+7 = 10，1+5 = 6，20+10+6 = 36"的方法，还有的学生从左到右依次相加进行计算。第二，让学生在方格图上画图研究，并感悟华罗庚先生的这句名言，有的学生先画 1 个正方形，紧接着画 3 个正方形，以此类推，形成一个不规则图形；有的学生先画 1 个正方形，再画一个加号，接着画 3 个正方形，再画一个加号，以此类推；有的学生先画 1 个正方形与 11 个正方形，再画 3 个正方形与 9 个正方形，最后画 5 个正方形与 7 个正方形，形成一个大长方形；还有的学生只画了一个大正方形；等等。每一个学生都画出了自己认为最"直观"的图形，他们画的作品都很精彩。第三，我逐一展示学生的各种作品，学生自然而然地聚焦在"大正方形"作品上，因为这幅作品一看就知道可以用"$6 \times 6 = 36$"进行计算。正是由于有了"图"，才非常顺利地将复杂的加法算式与简洁的乘法算式建立了联系。第四，让学生从"1+3+5""1+3+5+7""1+3+5+7+9""1+3+5+7+9+11+13""1+3+5+7+9+11+13+15"中选择一两道算式画图研究，让学生进一步感悟数形结合的神奇与美妙。最后，呈现 $\frac{1}{2} + \frac{1}{4} + \frac{1}{8} + \frac{1}{16} + \frac{1}{32} + \cdots$，让学生画图研究。在教学过程中，我逐一展示了学生的研究成果，最后聚焦在 1 个正方形、1 个圆形或 1 条线段中，再次感悟"数形结合百般好"。

虽然学生在最初阶段画的图形，并非教师上课所需要的作品，但是让学生充分展示自己的想法是十分有必要的，这是对其研究成果的尊重。当学生欣赏了其他同学的优秀作品之后，会进行自主调整与自动修复，这一过程才是真正的学习过程。当然，学生敢于将作品拿上台进行展示，教师应给予肯定与鼓励。

串联汇报快速提升了我的课堂教学水平，让我能够非常自信地应对学生的动手操作等活动环节。在听课、导课过程中，我对每位教师的汇报环节也给予特别关注。在大多数的课堂教学中，执教教师总是在学生的探究活动中，不断地寻找自己教学所需要的作品，然后收集起来在多媒体上展示，引导学生进行分析与评价。当教师找不到教学所需要的作品时，就显得非常紧张，从而影响了整节课的教学效果。由于课堂教学时间有限，课堂只展示教师收集的这些"典型"作品，也是合理的——将这些作品放在一起进行展示，便于学生比较分析。然而在课堂教学中，学生的好想法、好作品得不到教师的关注，会让学生留有遗憾。久而久之，学生表达想法或创造作品的欲望与积极性就会越来越低。

串联汇报能让执教教师把握真实的学情，能有效提升教师的课堂教学艺术。串联汇报能让更多的学生有展示自我的机会，让我们在课堂教学中真正看到每一个具有独立想法、独特个性的人。

在分层中观照每一个学生

在教学中，我们发现学生是有差异的，有些学生不需要教师教就会，有些学生需要教师教了才会，还有一些学生无论教师怎么教都不会，且随着年级的升高，这种差异会越来越明显。一线教师迫切需要正视学生的个性差异，实行分层教学。

一、目标分层

何为目标分层？目标分层是在班级授课制的前提下，分析教材、学情，针对学生的个性差异，制定出分层的教学目标。以"梯形的面积"一课为例，其探究目标可进行如下分层：A层目标，能用两个完全相同的梯形拼成一个平行四边形的方法推导梯形面积计算公式；B层目标，能用一个梯形转化成平行四边形、长方形或三角形的方法推导梯形面积计算公式；C层目标，灵活运用多种方法推导梯形面积计算公式。A层目标是基本目标，全部学生都要达成；B层目标大多数学生能达成；C层目标是发展性目标，只有一部分学生能达成。

二、探究分层

学生在探究过程中表现参差不齐，一方面说明学生层次水平有差异，另一方面说明学生的学习需求是不同的，实施分层探究有利于不同层次的学生全身心投入思考、学习。所以，在教学过程中，我们要为不同层次的学生创设从不同视角探究的机会。以"同分母分数加减法"一课为例，学生在研究同分母分数加法算式 $\frac{5}{8}+\frac{1}{8}$ 时，其方式方法是不同的。学生可以借助圆形纸片来研究，可以画图研究，可以举生活中的例子研究，还可以把分数化成小数计算，抑或用分数单位的个数来解释，等等。当然，还可以让提前完成研究任务的学生当"小老师"，离开所在座位指导其他学生，并使其理解。

三、练习分层

练习的作用在于巩固和消化所学知识，并使知识转化为技能。在教学中针对不同层次的学生，我们可设计两种（或两种以上）练习题，组织学生练习。练习题要分出层次和阶梯，同时不同层次和阶梯之间应当有紧密的联系，难度较大的练习题称为 C 层练习题，难度适中的练习题称为 B 层练习题，难度较小的练习题称为 A 层练习题。例如"分数加减法"一课的 A 层练习就是书本中的基本练习。B 层练习：a 和 b 均为大于 0 的自然数，$a > b$，比较 $\frac{2}{a} + \frac{5}{a}$ 与 $\frac{2}{b} + \frac{5}{b}$ 的大小。C 层练习：①计算 $\frac{1}{27} + \frac{2}{27} + \cdots + \frac{25}{27} + \frac{26}{27}$；②计算 $\frac{1}{2} + \frac{1}{4} + \frac{1}{8} + \frac{1}{16} + \frac{1}{32} + \frac{1}{64}$。C 层练习题的计算方法不唯一。通过这样的分层练习，让不同层次的学生在数学上得到不同的发展。

四、作业分层

数学作业作为课堂教学的延续和有效补充，也是教育教学活动中不可缺少的一种基本教学形式。作业分层布置是根据教学的实际需要而产生的。"吃大锅饭"和"一把尺子量"对大部分学生从成绩到心理品质都会造成很大影响，分层布置作业后再分层面批，不仅有利于减轻学生的学习负担，也有利于提高学生的学习成绩。

第一，作业量要分层。不同的学生布置不同量的作业，让学有余力的学生获得自由发展的空间。第二，作业难度要分层。找准每一层次水平学生的最近发展区，设计难易有别的作业。

作业的分层还要体现自主选择性。做什么？怎么做？适当地放手让学生根据自己的实际情况而定。比如，平时作业，学生完成基础练习后，自主选择"每日一题"；双休日作业，学生可以写数学日记（不做硬性规定），开展数学实践体验活动（如制作长方体或正方体模型、体验 1 km 有多长等），设计数学小报，等等。

在这里，我要对"每日一题"作特别说明：教师可以每天选择一两道配合教学进度的思考题或趣味题，写在黑板一角。学生自主选择练习，将题目抄在自己的本子（思维练习本）上带回家，第二天交给教师批改，教师需给予做对的学生一定的奖励。比如，学生答对 1 题得 1 颗星，教师在学期中与学期末分两次按星数的多少评出班级"数学思维之星"。获奖学生有机会将思维练习本赠送给教师，教师将其收藏在自己的书架上。

也要为笨方法鼓掌

曾听过名师工作室学员执教的"古诗词中的数学文化"一课，其中一个教学环节是古代教学名题——《孙子算经》韩信点兵。题目："今有物不知其数，三三数之，剩二；五五数之，剩三；七七数之，剩二。问物最少几何？"执教教师抛出这个问题时，立即引起学生的思考。反馈学生作品环节，第一个学生用到了罗列的方法："三三数之，剩二"。数量有可能是 5、8、11、14、17、20、23、26；"五五数之，剩三"，数量有可能是 8、13、18、23、28；"七七数之，剩二"，数量有可能是 9、16、23，从而找到正确答案，但是执教教师仅仅关注该学生的答案是否正确。第二个学生用了找最小公倍数的方法：先找到 3 和 7 的最小公倍数 21，21 加 2 结果是 23，用 23 验证，除以 5 刚好余 3，也符合要求，从而得出结果是 23。这时执教教师如获珍宝，除了关注学生的结果是否正确，还鼓励全体学生给予掌声。第二种方法的确比第一种方法更便捷，思维更聚焦，但掌声只留给便捷式的思维方式是否存在某种缺憾？现代社会随处可见各种便捷的生活方式，也满足了很多人的生活需求，但在面对困难的时候，选择罗列的方法尝试去探究未知领域，是不是比一开始就寻找捷径的态度更值得点赞呢？笨方法需要花费更多时间和精力，而这份坚持在困难面前显得尤为重要，这样的精神应当值得拥有掌声和鼓励。

我也曾多次聆听不同教师执教的四年级数学"鸡兔同笼"一课，但是教学设计与教学方式雷同。教师都先呈现例题：鸡和兔共 8 个头、26 条腿，问鸡和兔各有几只？当学生理解题意后，教师要求学生列表解题。学生列表后，教师呈现学生的研究成果。学生一般有两种解题方法。

方法一是列表法，可以从 0 只兔、8 只鸡开始逐步列举分析，也可以从 0 只鸡、8 只兔开始研究，列表法能帮助很多无解题头绪的学生找到准确答案（见表 2-1）。

表 2-1　列表法

鸡	8	7	6	5	4	3	2	1	0
兔	0	1	2	3	4	5	6	7	8
腿	16	18	20	22	24	26			

方法二是假设法，其中又包含两种方法：一是假设全部是鸡，腿有 $8 \times 2 = 16$（条），与腿总数相差 $26-16 = 10$（条），调整为兔有 $10 \div (4-2) = 5$（只），鸡有 $8-5 = 3$（只）；二是假设全部是兔，腿有 $8 \times 4 = 32$（条），与腿总数相差 $32-26 = 6$（条），调整为鸡有 $6 \div (4-2) = 3$（只），兔有 $8-3 = 5$（只）。教师一般会让全班学生给予用假设法解题的学生掌声鼓励。学生解释每一道算式，教室里掌声会再次响起。练习巩固环节，执教教师一般对列表法只字不提，原因是用假设法列算式解题比列表法更胜一筹。

其实，用列表法解决问题有很多优点，如列表法能够将复杂的信息以简洁明了的方式呈现出来，让题目信息、结构清晰可见，便于学生理解，降低解题难度，从而能够顺利地解决问题。列表法的缺点也很明显，用这种方法解决问题会冗长烦琐，耗时较长。在课堂教学有限的时间内，让学生用列表法解题，意味着解题数量明显减少。一些教师甚至看不起列表法，觉得这是一种笨办法，不值得肯定与鼓励，然而许多学生在解决问题时，如果列不出算式，就会束手无策，于是就直接放弃了。

"鸡兔同笼"一课，我们应鼓励学生大胆地列表解决问题。我们可以引导学生从 8 只鸡、0 只兔开始列表研究，也可以从 0 只鸡、8 只兔开始，或是从 4 只鸡、4 只兔开始，通过逐一增加或减少只数列表，或跳跃式（一次性增加或减少几只）列表，直到找到正确答案。除此之外，还可以增加鸡与兔的数量，再让学生列表解题。例如，鸡和兔共 35 个头、94 条腿，鸡与兔各有多少只？学生在列表过程中能够正确感知鸡兔同笼问题的结构特征与数量关系，体验数据增大时列表带来的麻烦，才会产生列式解决问题的强烈欲望，从而进发出多种不同解题策略的创新想法。在教学实践中，我们会发现笨方法是学生学习过程中不可缺少的，没有笨办法作基础，也就不太可能产生聪明的方法。我们不能以少数优秀学生的巧妙解法代替大多数学生的思考方法，放弃对笨方法的探究。回顾自己的求学经历，当不能列式解决问题时，总喜欢画画图、列列表或者尝试其他方法进行解题，而且有些方法是课本上没有的，也是教师没有预设到的。我始终认为解决问题的策略不存在明显的优劣，而在于是否能够正确地解题，在于解题者是否具有挑战难题的信心与勇气。

记得张景中先生曾说过："小学数学里有很多问题，解题的思想方法常常是因题而异。可不可以引导学生探索一下，用一个思想来解决各种各样的题目呢？试商的思想，其实有普遍意义，可以用来求解许多不同类型的问题。如修一条长 32 km 公路，已经修了 24 km，已修路程是剩下的几倍？用试商的办法来试解，如果是 1 倍，剩下 24 km，则总长 48 千米，与题意不符；如果是 2 倍，剩下 12 km，则总长 36 km，仍与题意不符；3 倍呢，剩下 8 km，则总长 32 km，符合题意。"张景中先生列举的这种方法就是一个笨方法，很多教师在教学中不会采用。张景中先生认为这种方法具有一般性，把试解的倍数看成自变量，把根据试解算出的总长看成试解倍数的函数，寻找使函数值符合题目要求的自变量，这种思路能够解决很多问题。

我们不难看出这种试商法其实就是列举法，就是列表法，就是尝试法，就是一个笨方法，更是一个大智若愚的方法。在便捷思维和笨方法的对比中，不能只功利地追求快餐式的体验，也要留住那些做事遇到困难时能让学生不轻易放弃的笨方法。教师在课堂中不能只看到学生的思维，还要看到思维背后的育人资源。多一种维度的掌声，学生成长道路上就多一分育人思想的浸润，师生都应为这种笨方法鼓掌。

怎么会错了呢

我从教 30 多年，教过十几个班级，给几百个学生上了几千节数学常态课，每节课上都会有学生出错，包括学习能力很强的学生。每次批改学生的作业，都没有出现过"全班全对"的现象，即便最简单的内容也是如此。学生在学习中并不是一听就懂，学生解决数学问题并不是一看就会、一做就对，而是经常出错。学习出错是客观存在的、不可避免的，且原因错综复杂，受生理因素、心理因素及学习行为习惯等影响，如学习态度不端正、学习方法不当、注意力不集中、对知识点理解不深刻、已有学习与生活经验的干扰等。

教师面对学生的错误，要有良好的心态。对学生不要有过高的要求，不要过于追求完美，要允许学生犯错。如有必要，还要引导学生出错，并让这些错误成为教育教学资源，引导学生在分析、比较等活动中，进一步理解知识的本质属性。

例如"小数的初步认识"一课，如果用一个长方形表示 1 元，请学生在长方形内表示出 0.1 元。就会有学生出现这样的错误想法：0.1 元比 1 元少很多，就用这一小段表示 0.1 元（见图 2-2）。

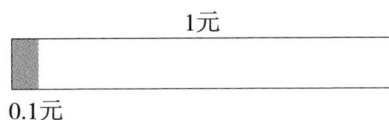

图 2-2

仔细剖析学生的错误，其中也有闪光点。学生已经知道了 0.1 是比 1 小很多的数，但是还没有进行理性的思考，即"先思考 1 元等于 10 角，

0.1 元就是 1 角；再将这个长方形平均分成 10 份，其中的 1 份就是 0.1 元"。

如果用一个正方形表示 1 m，请学生在正方形内表示出 0.3 m，他们也会出现类似的错误：将这个正方形平均分成 3 份，用其中的 1 份表示 0.3 m；或者将这个正方形平均分成 9 份，用其中的 3 份表示 0.3 m（见图 2-3）。

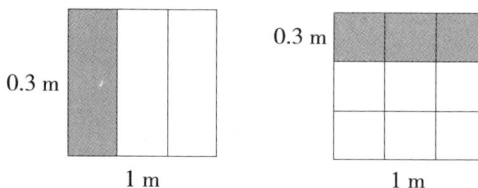

图 2-3

学生犯错其实很正常，因为这是学生第一次学习小数，也是学生认识上的一次飞跃。在学生还没有理解"小数计数单位及十进制"的情况下，将十进制与 $\frac{1}{3}$ 混淆，这是难得的教学资源，刚好可以借此突破这一学习难点。于是，我提出了关键问题："将正方形平均分成 3 份，其中一份是 0.3 m，3 份合起来是 0.9 m，还有 0.1 m 去哪里了？"这丢失的"0.1 m"引发了学生的认知冲突，为学生深度理解十进制奠定基础。

又如"点到直线的距离"一课，让学生帮助幸福镇设计一条通往高速公路的水泥路（见图 2-4）。

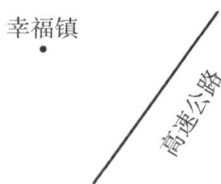

图 2-4

人教版教材上的例题，高速公路（直线）是水平方向的。在教学过程中，我故意将高速公路（直线）斜置，让学生出错。

虽然学生设计的水泥路不够合理，但是按照从长到短的顺序依次呈现（见图 2-5），不断地冲击学生的思维，让学生认识到还有更短的线段，迫使学生寻找"垂直"这一抓手，画出最短的"垂直线段"。

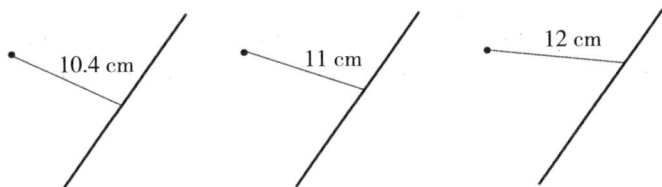

图 2-5

同理，在学生研究两条直线之间的距离时，我也故意将这两条平行线"斜置"。学生在研究的过程中，也会出现类似的错误（见图 2-6）。

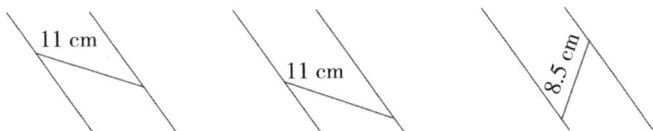

图 2-6

通过对比、辨析、实践论证等多种活动促使学生寻找垂直线段，从而认识两条平行线之间的距离，初步感悟两条平行线之间的距离处处相等。

学生的学习不能靠教师"教"明白，而是要让学生自己"想"明白。"教"明白是教师自己明白而学生不一定明白，学生自己想明白才是真正的明白，也是教学的最终目的之一。有些教师总喜欢给学生讲解各种各样的知识点及容易出错的地方，试图让学生避免在今后的学习中犯同样的错误。这样的做法就相当于大人把馒头嚼碎了喂给孩子，大人总觉得这样做便于孩子吸收，实际上，这是对孩子的一种伤害。教师给学生讲得太多了，学生的阅读理解能力、深度思考能力、分析比较能力及归纳概括能力就得不到锻炼。

在教学中，我们应设法让学生自己学明白、想明白。但是，让学生凭空去学、去想是不太可能达成教学目标的，需要教师提供或者搭建学与想的支架。这种支架就在我们身边，就在教室里，也就是让学生犯点错。在此基础上，引导学生将错误的方法与正确的方法进行比较，加深理解知识，从而牢固掌握解题方法。犯错的学生也将会吸取教训、增长知识。

当然，让学生犯错或者呈现学生的错例，首先，教师要与学生共同寻找错误中存在的合理或者正确的部分，给予其肯定与鼓励，不宜"一棒子打死"；其次，要考虑学生的可接受度，委婉地向学生提出错误之处或者让学生自己纠正补充，不能让学生产生当众"出丑"的恐惧感；最后，要努力让每一个学生都能够感受到自己在成长，能够听到自己思维拔节生长的声音。

学科育人是当前教育的热点，育人不只是讲道理，还要让学生在数学学习中不断挑战、不断思考、不断质疑，从而培养坚毅、严谨的研究精神；在数学探索中不断优化方法，让思维层次拾级而上，从而感悟数学思想方法，体会数学思维的妙趣；在与同伴合作互助、表达交流的过程中养成良好的数学学习习惯，提升学习能力，形成正确的价值观；在和古人对话、重演古人研究的过程中体会我国古代数学家的智慧，树立文化自信。

育人观

育人不只是讲道理，而是要让学生在数学学习中形成正确的价值观。

将育人工作落实到每一节课中

我曾旁听多位教师的五年级数学"可能性"一课。这几位教师的教学设计、教与学的方式有许多相似之处，课堂教学活动创新、开放，让学生在摸球活动中学习并感悟事件发生的概率。尤其是在巩固练习环节，几位教师都安排了摸奖活动方案设计。设计要求大致为：请为某商场"庆元旦"购物摸奖活动设计方案，顾客若摸到黑球无奖，摸到红球得奖，奖品为手机一部。因为黑球与红球的个数由学生自主决定，所以学生在设计活动时，可以充分发挥自己的"聪明才智"。虽然学生设计的方案很多，但几位教师在此环节上的处理基本一致。

现以其中一节课的一个环节为例，进行简单剖析。教师从学生设计的方案中选择了四种进行评析。方案一：6个全部是红球；方案二：1个红球、9个黑球；方案三：2个红球、28个黑球；方案四：8个全部是黑球。

师：如果你是顾客，你会选择哪个方案？

生：方案一。

师：为什么？

生：一定能摸到红球。

师：如果你是商场的老板，你会选择哪个方案？

生：方案四。

师：为什么？

生：因为顾客不可能摸到红球，我就不用倒贴钱。

师：方案二与方案三，哪个方案顾客摸到红球的可能性更大？

教师在学生"正确"的回答中宣布下课。

让学生对摸奖活动方案进行分析评价，是非常有必要的。但是，仅仅从数学的角度去分析是完全不够的。因为课堂教学不仅仅是传授知识，更重要的在于育人。教育家赫尔巴特曾提出"教育性教学"思想，他强调教学要将传授知识与思想品德教育相统一，并指出："不存在无教学的教育这个概念，正如反过来，我不承认有任何无教育的教学。"《义务教育数学课程标准（2022 年版）》也强化了课程育人导向，要求将党的教育方针具体细化为数学课程应着力培养的核心素养，体现正确价值观、必备品格和关键能力的培养要求。

如何从育人的角度去分析设计方案呢？若学生从顾客的角度选择方案一时，教师要进行适度引导或教育：如果每个顾客都可以摸到红球，都被奖励一部手机，商场必然亏损严重。因此，我们不能太贪，也正是因为许多人"贪心"，才上当受骗。若学生从商场老板的角度选择方案四时，也须教育学生：不能心太黑欺骗顾客，做人要有诚信。那么，另外两个方案合理吗？不一定！我们还得引导学生进行深入分析：设计摸奖活动不但要考虑商场的客流量、营业额等因素，还要结合商场的财力，确定一个合适的中奖率进行摸奖方案设计，如有必要还需到商场进行实地调查研究。

在课堂教学中，教师不仅要从数学的角度引导学生对数学活动产生的数据进行深入分析，更要从育人的角度在教学中潜移默化地渗透德育。当然，除了挖掘活动数据的育人价值，还可以寻找有育人价值的数据。例如，历史上有一些数学家，如布丰、德·摩根、费勒、皮尔逊、罗曼诺夫斯基等，做过抛硬币的实验。为了得到尽可能精确的结果，他们抛硬币的次数达到了五位数。几万次的抛硬币实验耗时长且枯燥，但是为了得到一个相对准确的数据，聪明人也要下苦功夫，数学家们的探究精神值得每一个学生学习。

总之，我们要牢记学科育人的使命与责任，做教学的有心人，充分挖掘数学知识背后的育人价值，将育人工作落实到每一节数学课中。

留给生命自我修复的机会

　　几年前，我右手小拇指的末关节弯曲畸形了，不管怎么使劲也伸不直。于是，我预约了一位骨科主任医生，医生一看一摸，就说："你这个伤有一段日子了，要立即手术。如果刚受伤还可以保守治疗，戴锤状指矫正具或许能够恢复。"听了医生的话，我有点儿害怕，但转念又想：反正小拇指伸不直又不会影响正常的生活，就由它去吧。于是，我做了一个大胆的决定，不做手术，买了一个锤状指矫正具戴着试试看。小拇指每天24小时戴着这种矫正具，两个月后终于有了一点点反应。又熬了两个月，我把它撤掉了，发现手指竟然能活动如常了，原来手指关节是具备自我修复功能的。

　　有一次，我到一所农村学校听课，教学内容为"三位数乘两位数"。教师先创设情境，再引导学生进入探究环节。全班学生都在认真计算 145×12，我巡视教室一圈，发现部分学生计算错误。其中有两个学生的计算结果分别为150与170，确实错得有点儿离谱。我很担心这两个学生接下来的学习，于是就在边上进行了简单的点拨，但是他们依然无从下手，我只好退回到自己的位置继续听课。在课的尾声我又去看了下这两个学生的作业，他们居然做对了全部的计算题。这让我不由自主地想到了"手指自我康复"事件，二者有共同之处。学习就是一个不断试错、不断修复、不断完善的过程，并不是"一听就会，一做就对"。当学生认真学习依然不会做题时，教师不要急于干预，给他一段"自我修复"的时间，或许就"开窍"了。这个修复的力量有的来自学生思维、身心的发展，有的来自同伴之间的交流、书中的阅读感悟，也有的来自生活中的经验积累。当然，给学生适当的修复时间，并不意味着"置之不理"。在学生建构知识的过程中，教师要提供适当的支架、适时的点拨。当发现学生不能进行自我修复时，教师则需要及时介入。

再如我工作室学员符玲利老师，有一次她上"搭配（一）"一课，她选用的素材是数字 1、2、3、4，让学生去找由这四个数字组成的没有重复数字的两位数。在对比、分析中，学生逐渐掌握了有序排列的方法。在练习环节，她设置了用 2、5、6、9 四个数字组成大于 50 的两位数以及没有重复数字的两位数（单数），目的是让学生在罗列中体会方法的优化。但学生似乎并不买账，没有理会教师的"引导"，课堂气氛立即"冷"了下来。课后，她不断地反问自己："学生为什么不理我？"这个问题开启了她教学观的"修复"，并逐步提炼出了小学数学实验教学模式。她曾参加浙江省正高级教师评审，评审前信心满满，结果却没有通过评审。她开始反思自己在说课方式、内容设计上存在的不足，静心思考、请教他人、反复修改、精心设计，经过一段时间的沉淀，她被评为浙江省特级教师。从加入名师工作室到成为一名省特级教师，她用了 10 年时间。在这 10 年里，她的课堂教学、研究水平、自我修养一直在不断"修复"。

从学生的发展、教师的提升中不难发现，不管是哪一类生命的成长，都需要充分的时间去自我积淀、自我修复。

让课堂像糖一样

一年六一儿童节前，一位家长从教学楼往校门口走，经过行政楼时正好碰到我，热情地与我打招呼。

家长满头大汗，白衬衫也湿了，但很高兴地与我打招呼："陈校长好，今天我过来为学校打工了。"

我说："为学校打什么工啊？"

家长说："哎，今天过来给孩子们上课！"

我说："给孩子们上课？为什么满头大汗呢？"

家长说："我以为孩子们的求知欲望强烈，学习积极性很高，会认真听我讲解的，没有想到孩子们根本不听我讲话，吵闹了一节课，我很紧张啊！"

原来如此，我笑着问："上课给孩子们讲故事了吗？"

"没有！"

"带孩子们做游戏了吗？"

"没有！"

"奖励小红花了吗？"

"没有！"

…………

我不由得思考：小学课堂教学的重难点是什么？

我们不妨先了解一下心理学家桑代克的饿猫实验，这是桑代克为研究动物的学习（问题解决过程）而进行的有趣实验。他将一只饿猫放入一个迷箱，并在迷箱的上方放上这只猫最喜欢吃的食物。当猫踩到迷箱内的压踏板时，迷箱门打开，猫就可以吃到喜欢的食物。最初，猫在迷箱内表现出乱跳、撕咬栏杆、碰撞箱壁等盲目行为，偶尔会踩到压踏板。但是随着试验次数的增加，猫踩到压踏板所用的时间越来越短。因此，桑代克认为学习的过程就是刺激与反应之间建立联结的过程，盲目尝试也可以逐步减少错误的形成，他把自己的观点称为试误说。

那么，桑代克为什么不将一只吃饱了的猫关在迷箱里做实验呢？如果将猫最喜欢吃的食物换成塑料的，猫还会有强烈的逃出迷箱的欲望吗？道理很简单！猫吃饱以后，对美味的食物已无欲望。但是，猫饿着肚子，对它并不需要的塑料"食物"也不可能产生食欲。

学习也是如此。如果学生对这节课的学习内容没有产生强烈的需求，还会认真参与学习过程吗？答案是否定的。小学生阅历不丰富，学习目的不明确，注意力集中时间不长，对感兴趣的知识会积极参与学习研究，对不感兴趣的知识，就会置之不理。

曾有专家对小学教育、初中教育以及高中教育进行了有趣的对比。他认为小学教育就如我们将牛赶到草地上，还要想办法让牛吃草；初中教育只需要我们将牛赶到草地上，吃不吃草是牛自己的事；高中教育只需要我们将牛绳解开，让牛自己找草吃。我对此观点比较认同。因此，我认为小学课堂教学的重难点应该在于激发学生的学习兴趣与欲望。学生所处年级越低，对此要求越高。对于低年级学生，如果课堂上没有小红花奖励、没有故事可听、没有游戏可做，他们怎能在这样的"三无课堂"中产生学习兴趣呢？小学生并不是那么好忽悠的！他们是天真活泼可爱的，他们的喜怒哀乐都表现在脸上，且落实在行动上。课堂教学如果吸引不了学生，他们就会讲话、开小差，做一些与课堂学习无关的事情。

关注一节课所学知识的重点，以及学生学习该知识时存在的难点，是每一位教师都会做的事。解读教材与研究学情，也就是专家或领导经常提醒一线教师在上课前要认真做的"备教材"与"备学生"。但是大家往往忽视了还要"备课堂",即课堂教学的重难点——如何激发学生的学习兴趣与欲望。

　　教师要让课堂像糖一样,让"甜"自然融入学生的学习研究,无声地被学生吸收和掌握,从而达到润物细无声的育人效果。《共产党宣言》翻译者陈望道先生"拿粽子蘸墨水来吃"的故事告诉我们,课堂教学不能照本宣科、填鸭式灌输,应让学生感到有"趣"、有"味"、有"效"。

课堂教学要有"三声"

马斯洛在需要层次论中指出，人有生理的需要、安全的需要、社交的需要、尊重的需要以及自我实现的需要，其中"尊重的需要及自我实现的需要"属于较高层次的需要。从小学生到成人，都希望自己能够得到别人的肯定与赞赏，如果这些动机能够得到满足，个体自我感觉良好，个体身心潜能就能得到充分发挥；如果遇到障碍，个体就会感到有压力、痛苦甚至自卑。

当前我们的课堂以班级授课制为主，一个班级就是一个"社区"或者一个"团队"。如何让学生在团队中充分感知自我实现所带来的成就感与满足感呢？

我们可以借用掌声帮助学生建立自信，这些掌声包括来自教师与同伴的掌声。

掌声是一种通过双手拍击所产生的声响，通常有表达赞赏、鼓励和支持之意。在课堂上，教师可以通过鼓掌来表达对学生完成某项任务或达到某个成就的认可和喜爱，给予学生勇气和信心。掌声也代表赞美，赞美别人会使别人快乐，自己也会感到由衷的喜悦。被别人赞美会使自己更加上进，且能保持愉快心情，认真对待每一天，做好每一件事。

在教学中，面对学生巧妙的回答、不同的思路、创新的解题方式时，我们都应该给予掌声。有时也可以从学生错误的答案中找出合理或闪光的部分，给予掌声鼓励与肯定。2023 年 11 月 27 日，我赴云南省怒江傈僳族自治州兰坪白族普米族自治县送教，执教了"分数的意义"一课，当学生会表示 4 个圆的 $\frac{1}{4}$ 之后，我提问："你还会表示几个圆的 $\frac{1}{4}$ 呢？"学生回答："我会表示 5 个、7 个、8 个、9 个、10 个、12 个……"而当他们在黑板上画图表示时，却发现自己不能够正确地表示出 5 个、7 个、9 个或者 10 个圆的 $\frac{1}{4}$，他们分别写出了 $\frac{1}{5}$、$\frac{1}{7}$、$\frac{1}{9}$、$\frac{1}{10}$。虽然他们没有给出正确的答案，但是他们都没有放弃，他们写出了其他分数且又能正确地说出这个分数所表示的意义。因此，我还是建议台下的学生用掌声鼓励他们。将这些错误资源进行巧妙利用，也能为课堂带来精彩。比如，这些分数为学生理解"数源于数"提供了良好素材，利用 $\frac{1}{5}$ 就能数出 $\frac{2}{5}$、$\frac{3}{5}$、$\frac{4}{5}$……利用 $\frac{1}{7}$ 就能数出 $\frac{2}{7}$、$\frac{3}{7}$、$\frac{4}{7}$……教师眼里容得下错误，并愿意为学生的错误鼓掌，学生的自我认同感、积极性就能多一分。

有学者依据心理状态综合表现的不同特点，将课堂气氛划分为积极的、消极的和对抗的三种类型。有着积极气氛的课堂，师生往往都有饱满的热情，学生积极发言。反之，学生则情绪压抑、无精打采、注意力分散。在课堂教学中，每一位教师都应努力营造轻松、和谐的气氛。当然，积极的课堂气氛，除了有掌声，还得有笑声，笑声也是课堂上最动听的音符之一。不要求每节课上笑声不断，但我们可为之努力。

曾有"分数的意义"再认识"平均分"这一环节，我先向现场的 8 个学生借了 8 支不同长短、粗细的笔，让学生拿出其中的 $\frac{1}{4}$，学生上台后随意地拿出 2 支，全班学生都表示赞同。接着引导学生仔细观察这几支笔，再次跟他们确认是否同意刚才的观点，此时有几名学生开始怀疑原来的观点，因为他们发现了这 8 支笔长短、粗细不同，随意地拿出 2 支不能算平均分，不能用 $\frac{1}{4}$ 表示。过了一会儿，这种怀疑的氛围笼罩全班。我追问：还有谁坚持原来的观点？全班只有一两个学生坚持，坚持的理由是它们都是笔，支数相同就是平均分。我再追问：还有谁不同意用 2 支笔表示 $\frac{1}{4}$ 的？全班大约还有 $\frac{1}{3}$ 的学生不同意。直接跳入下一个教学环节显然不合适，于是我采访了其中一个学生。

师：你家里一共有几个人？

生：我家里有爸爸、妈妈、我与弟弟。

师：家里谁最高？

生：爸爸。

师：好！爸爸算不算一个人？妈妈虽然矮一点，但也算一个人吧！你呢？弟弟呢？你占家里的几分之几？

在全班学生的笑声中，可以听出大家已经明白了"分得的结果如果数量相同即可看作平均分"。

掌声与笑声都是有着积极气氛的课堂所不可缺少的，但是只为了追求掌声与笑声还是低层次的需求，教学也会缺乏应有的深度。如何让课堂有深度？除了掌声、笑声，我觉得课堂还应该有质疑声。

质疑声是求异思维，即激发学生产生独立见解的意识。质疑声是对某个观点、理论或事实提出挑战的思维活动。质疑声有助于促进学生思考、审查和讨论，并推动进一步的调查和验证。

例如"排列问题"一课，让学生用1、2、3、□组成没有重复数字的两位数。学生先自选一个数字填在□里，然后写出符合条件的两位数。如果□里填4，学生得到12个符合要求的两位数之后，我追问："谁能找到第13个两位数？全班这么多同学居然找不出一个两位数来？"我采用激将法，不断地点拨着学生的思维。但是学生找到一个，就被否定一个。找着找着，他们就会质疑："第13个两位数是找不到的？"

为什么找不到呢？通过寻找其中蕴含的原因，学生会发现□里填0时，能组成的没有重复数字的两位数仅9个，若是非0的数字，则只有12个……质疑声让学生进入深层次的思考，思维变得更严谨。

我曾多次听泉州师范学院苏明强教授的课堂教学，不管他执教什么内容，每节课上学生的笑声、掌声不断，还不缺少质疑声。我很好奇，一位大学教授的小学数学课堂竟然如此有魅力！在与苏教授的聊天中得知，他常常深入小学、幼儿园课堂，听名师上课，特别关注名师的课堂教学语言，了解儿童的学习特点，而且在小学数学课堂中反复琢磨练习，形成了自己独特的教学风格。"三声"课堂虽然已经融入我平时的课堂教学，但与苏教授的魅力课堂相比，还有待提升。

以审辩式思维落实学科育人

数学课堂不只是数学知识、方法、过程的简单堆砌与叠加，也不仅仅是数学知识、技能和方法的机械传递与搬运；数学课堂应当是学生不断用心去触摸数学本质、感受数学内在文化特质的自由天空，是立德树人的地方。数学课堂需要培养学生独立思考、追根究底、辩证地看事物的审辩式思维。

一、以审辩式思维树立正确价值观

教育需要培养学生的社会责任意识。教师在数学教学中应该创设一些开放性环节，为学生提供审辩的机会，从而帮助学生树立正确的价值观。

记得几年前听过"折线统计图"一课，至今不能忘记。其中有一个环节：

师：如果你是房车基地的老板，接下来会怎么做？

生1：我要对门票进行打折降价，吸引更多的人来参观房车基地。（教师夸学生很有经济头脑，长大了肯定能当老板）

生2：我要请电视台过来给房车基地拍一个形象宣传片，让更多的游客来参观，挣更多的钱。（教师夸这名学生真有点子）

生3：我想在房车基地的旁边建一个小朋友玩耍的游乐场，吸引小朋友过来玩，小朋友来了，他们的爸爸妈妈就来了，还有可能爷爷奶奶、亲戚朋友都会过来。（教师夸学生棒）

听课教师很佩服学生精彩的发言，赞美执教教师开放性的教学设计。评课时，我说："我们不能培养见钱眼开、唯利是图的未来人，而要引导学生从另外一个角度进行剖析。并不是人来得越多越好，还要考虑当地旅游接待的能力是否跟得上？会不会造成交通堵塞？会不会造成环境破坏？只有在学科教学中引导学生辩证地思考知识与生活、知识与人的关系，才能使学生塑造更加健全的价值观。"

二、以审辩式思维汲取传统文化营养

随着技术的飞速发展、高速交通工具的出现，不同文化跨越了空间、时间界限融合在一起。面对多元文化，我们需要辩证汲取，更需要了解和珍视中华优秀传统文化，理解并欣赏与我们产生互动的其他民族和其他国家的文化。教学中需要引导学生从中华优秀传统文化中汲取营养，规范行为、涵养人格，在全球化的进程中保有中国心。

记得一位教师上数学拓展课"印度乘法"，从头至尾都只讲印度乘法。评课时，我问："印度乘法有这么好吗？为什么没有在世界范围内广泛推广？是不是可以调整一下：先带学生研究'乘法'，完成后再揭示这是印度乘法，最后引导学生将中国乘法与印度乘法进行比较，在对比中感受文化的悠久历史、印度乘法的缺点、中国乘法的优点。"这样的对比学习，不仅巩固了有关印度乘法的知识，还使学生感受到了中国乘法的博大精深，让学生心中产生民族自豪感。

在教学中，我们不仅要挖掘优秀的他国文化，还要用足中国本土文化。比如学习"年、月、日"，不仅要让学生了解公历年份年、月、日之间的关系，还要向学生介绍中国农历，每19年中设置了7个闰月（三年一闰五年二闰），每个闰年有13个月。每19年为一个农历循环，所以在19的倍数生日（周岁）时会出现公历和农历出生日期相同或只差一天的情形。学习国际公制长度单位时，教师还要向学生介绍常见的中国传统长度单位里、丈、尺、寸等。

三、用审辩式思维涵养家国情怀

2020 年 4 月，开学之际，如何上好开学第一课引起大家的思考。许多教师认为开学第一课就是德育课、班会课。但是我觉得疫情后的这堂特殊的第一课不应局限于思想品德教育，而应围绕语文、数学、英语、科学、体育、美术、音乐等学科介绍疫情的相关知识，结合学科特点，融入新授知识，将防疫方法、英雄事迹、战士精神等内容整合进行教学，共创开学第一课，突破课时、空间等限制，将知识与人文精神相融合，实现育人目标。

开学第一课需要感性，也需要理性。我们可以设计一节统计课，让学生在制作统计图、分析数据的同时，学会初步预测，思考相应对策，在数学思维的头脑风暴中建立对新型冠状病毒的正确认知。不刻意夸大疫情教育，不偏离学科教育的根本，挖掘出特殊的育人价值，让开学第一课成为值得回味的一课。

融入中华优秀传统文化，提升学生文化自信

中华优秀传统文化是传统文化的精髓，蕴含着中国古代劳动人民的独特智慧及民族特质。中国古代数学以悠久的历史、卓越的成就和独特的价值取向，成为中华优秀传统文化的重要组成部分。《义务教育数学课程标准（2022 年版）》提出，课程内容的选择要"关注数学学科发展前沿与数学文化，继承和弘扬中华优秀传统文化"。将中华优秀传统文化融入小学数学教学，既是落实学科育人的有效途径，又能激发学生的学习兴趣，提升学生的数学文化素养，增强学生的文化自信心与民族自豪感。

一、改编渗透，挖掘与课程内容相匹配的文化素材

人教版教材中就有丰富的数学文化素材，12 册教材中涉及数学传统文化的内容条目有 60 多个，主要分布于阅读性专栏、例题与习题中，涵盖了数学与现实生活、数学与科学技术、数学与人文技术及数学史多种类型。因此，教师可立足已有的中华优秀传统文化素材，对其进行适当的改编。

例如，人教版二年级下册和四年级上册都涉及算盘的相关知识，但仅停留在对计数功能的教学上，学生对算盘的认识较为粗浅，未与其产生情感共鸣，从而心中未产生民族自豪感。因此，教师可围绕算盘的计算功能开发常态课的教学素材。以中药房划价时算盘的应用为情境，引发学生思考："算盘在计算时有什么优势？算盘的计算机制是什么？"进而展开算盘计算的学习。在 10 个一逐步相加的学习任务中初步体验算盘"五进制""十进制"的原理，在计算 1+3、2+3、7+3 中深入理解"三上

三、三下五去二、三去七进一"口诀的意义。再让学生根据"+3"的口诀继续研究"+几"的口诀，并鼓励学生课后查阅减法、乘法、除法口诀，让学生真正理解算盘在计数和计算方面的优势。又如，一年级上册教材提到的计时工具——日晷，由于一年级学生认知能力较弱，可以将其放在四年级学习时间、角度、平均分等知识后进行研究，通过让学生去设计、优化赤道日晷的面，应用时间、角度、等分等数学知识，感悟古人计时的智慧。

二、传承经典，补充与教学内容相关联的文化素材

除了教材中所提供的中华优秀传统文化素材，还可以适当选择教材以外具有代表性的传统文化素材。这里的代表性首先要从中华优秀传统文化的特点——民族性、历史性、先进性出发进行考虑，素材能否展现中华民族特色及文化魅力、素材能否彰显中国人民在历史长河中的智慧、素材是否来源于传统文化中的精华。其次还要从数学传统文化与数学学科的内在关联出发对素材进行筛选，所选的文化素材应与数学具有较高的关联度，不能"因为文化而文化"。

比如，学习了"圆的周长"之后，以刘徽割圆术为素材进行拓展。先让学生模仿刘徽在圆内作一个内接正六边形、正十二边形……初步体验所画的正多边形边数越多，越接近圆。再通过模仿获得精神文化体验之后，让学生交流活动感悟，抒发对刘徽的研究精神的感想。学生在交流中形成个人的文化价值观，从而将外化的精神文化转化为个人精神内容。最后让学生用一张纸和一把剪刀制作一个圆，学生通过折、剪正四边形、正八边形、正十六边形的活动，理解刘徽的"割圆术"，并感悟其中"割之又割，以至于不可割"的极限思想。

三、优化结构，拓展与中华习俗相契合的文化素材

目前人教版数学教材中有关中华优秀传统文化的内容主要涉及经典书籍、科技成就、数学发展史、人物故事、基本常识、艺术特色等内容，物质文化方面的素材较多，文化理解和文化认同方面的素材较少。因此，可以适当地增加文化理解、文化认同方面的素材。比如，农历——中国传统历法，它具有天文年历的特性，能很好地和各种天象对应，属于传统文化中的习俗文化，在现今社会生活中仍然被广泛地使用。但是很多小学生对于农历并不了解，他们不明白农历和公历的区别，更不用说理解农历中蕴含的数学知识和传统文化。因此，有必要在课堂上讲解农历这个习俗文化，让学生学会看日历卡中的农历，计算农历一年的天数，闰月设置规律，了解农历的制定规则、用途等。又如，打更是学生经常在影视剧里看到的一种行为，打更行为背后蕴藏着丰富的数学知识和思想方法，尤其与古代计时法——十二时辰相关，但是学生对此了解很少。学生通过阅读知识卡片的方式，将十二时辰整理成时间轴，并在与二十四时计时法的反复对比中，促进文化知识迁移，增强文化自信。

中华优秀传统文化博大精深，有着五千年的历史底蕴。我们应努力让学生对它有一种全新的认识并产生浓厚的兴趣，让学生在获得知识的同时，促进智慧增长，增强文化自信，从而成长为有理想、有本领、有担当的时代新人。

下

课例

LESSON

例

篇

选入书中的24个课例，大多属于2023年我执教的常态课。由于在上课之前，我对这些常态课的教学未做深度思考与研究，只是基本厘清教学思路或方案，只备了简案或者罗列了教学提纲。没有经过多次试教、反复修改的过程，也没有事先提醒听课教师要认真详细地记录。而是在有了将课例"整理成书"的想法之后，才邀请听课教师将听课记录进行整理。为了保持这些常态课教与学过程的"原汁原味"，我在他们整理的基础上，只对没有体现教学意图的部分环节或者遗漏的地方，进行了一些必要的补充与调整。

- ▶ 数与代数
- ▶ 图形与几何
- ▶ 统计与概率
- ▶ 综合与实践

常态课课例

小数不"小"

——"小数的初步认识"教学实践与思考

◎**课前思考**

　　小学阶段涉及的数概念有整数、小数与分数，如何让学生理解整数、小数、分数基于计数单位表达的一致性，是数概念教学的难点。在教学"小数的初步认识"时，教师应让学生充分体验计数单位的价值，让学生感悟数都是计数单位个数的叠加。因此，我在教学中试图凸显计数单位，帮助学生深入认识和理解小数：一是厘清平均分的意义，将小数与分数紧密联系；二是建构十进制的数概念体系，打通整数与小数之间的关联，当得不到整数 1 的结果时就要把 1 进行十等分，这样就得到了小数的计数单位。

◎**教学目标**

　　1. 初步了解小数的含义，知道小数各部分的名称，能够正确认、读小数。

　　2. 经历提问、画图、比较、分析等探究过程，感悟"数源于数"，发展数感。

　　3. 渗透数学文化，激发学习兴趣与探究欲望。

◎**教学重点**

　　经历认识小数的探究过程，初步理解小数的意义。

◎**教学难点**

　　感悟小数是计数单位个数的叠加，体会计数单位的一致性。

◎**教学过程**

　　一、数数揭题

　　（一）用计数器数数

　　1. 数数。

师：今天这节课，老师给同学们带来了一位老朋友，它是谁呢？

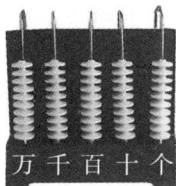

生：计数器。

教师拨珠子，学生数数并归纳方法。教师在个位上拨珠子，学生数数，满十进一，概括方法：一个一个地数；教师在十位上拨珠子，学生数数，概括方法：十个十个地数；教师在百位上拨珠子，学生数数，概括方法：一百一百地数；以此类推，概括方法：一千一千地数、一万一万地数……

2. 按要求数数。

师：我们班 35 人，怎样数呢？

生：个位上先数 5 颗珠子，十位上再数 3 颗珠子，合起来就是 35。

师：三年级一共有 201 人，又怎样数呢？

生：个位上数 1 颗珠子，十位不用数，百位上数 2 颗珠子。

师：老师随便说一个数，你都能数出来吗？

生：能！

师：是的，著名的数学家华罗庚先生认为"数是数出来的"。

思 考

借助学生熟悉的计数器拨珠数整数，能让学生经历借助计算器数整数的过程，唤起学生数数的经验及感知十进制这一低级数位满十进一生长出高级数位的过程。这样，不仅复习了整数计数单位，深度理解了整数的十进制，还为学生从整数的计数单位和十进制迁移到小数的计数单位和十进制做了铺垫，为数概念一致性的体验与理解奠定了基础。

（二）揭题提问

师：看来同学们对整数都非常熟悉了，接下来认识一个新的数——小数。看到课题，你有什么问题吗？

生1：什么是小数？

生2：小数怎么读，怎么写？

生3：小数是很小的数吗？

生4：小数也能数出来吗？

教师呈现 28.5 元。

师：关于这个小数，你知道什么？

生1：二十八点五。

生2：先写整数部分 28，再写小数点，最后写 5。

生3：它表示 28 元 5 角。

师：这个小数很小吗？它比所有的整数小吗？

生1：不是的，比如 28 元、27 元、26 元等，都比它小。

生2：小数不一定是很小的，有时小有时大，比如 0.1 就很小。

师：小数并不一定是很小的数，那为什么叫小数呢？

二、初步理解小数的含义

（一）寻找 0.1 元

活动：下面每个图形都表示 1 元，请选一种图形，想办法表示出 0.1 元。

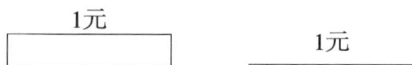

学生画图尝试，并展示交流。

生1：0.1 元比 1 元要小很多，我觉得这一小段就是 0.1 元。

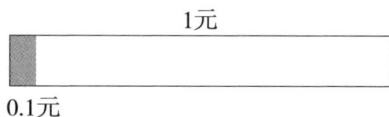

生2：我不同意，他随便取了一小段，不能说明这一小段就是 0.1 元。

生 3：我把这个长方形分成了 9 份，这样的一小份是 0.1 元。

0.1元

生 4：我觉得不应该分成 9 份，1 元等于 10 角，应该要分成 10 份。

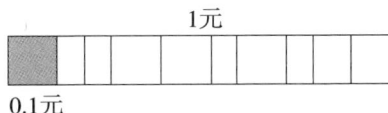

0.1元

生 5：他分的 10 份有的大，有的小，没有平均分。我把长方形平均分成 10 份，其中的一份就是 0.1 元。

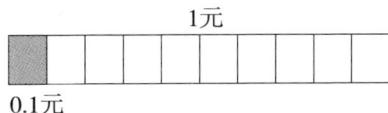

0.1元

师：要想找到 0.1 元，我们应该怎么办？

生：我们要把这个长方形平均分成 10 份，其中的一份就是 0.1 元。

师：我们再来看看这名同学的作品，你能明白他的意思吗？

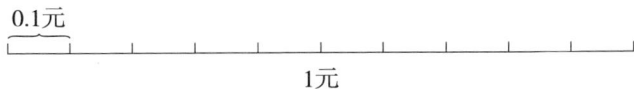

师：他把这条线段平均分成 10 份，其中的一份就是 0.1 元。

师：那像这样的一份，我们之前是用什么数来表示？

生：用分数 $\frac{1}{10}$ 来表示。

师：0.1 和 $\frac{1}{10}$ 有什么相同的地方？

生：都是把 1 平均分成 10 份，0.1 和 $\frac{1}{10}$ 表示其中的一份。

师：只有阴影部分可以表示 0.1 元吗？

生：不是，只要把它们都等分成 10 份，其中的任意一份都表示 $\frac{1}{10}$ 元，也就是 0.1 元。

师：刚才有的同学把长方形等分成 10 份，其中的一份是 $\frac{1}{10}$ 元，也就是 0.1 元；还有的同学把一条线段等分成 10 份，其中的一份也是 0.1 元。

图形不同，为什么都可以表示出 0.1 元呢？

生：因为都是把它们等分成 10 份，其中的一份就是 0.1 元。

教师小结：把 1 元平均分成 10 份，每一份都是 $\frac{1}{10}$ 元，也就是 0.1 元。

师：有了 0.1 元，你还能数出哪些小数呢？

生：0.2 元、0.3 元、0.4 元、0.5 元、0.6 元、0.7 元、0.8 元、0.9 元。

师：你是怎样数的？

生 1：2 个 0.1 元就是 0.2 元，3 个 0.1 元就是 0.3 元，就这样往下数就可以了。

生 2：也就是 0.1、0.1 地往下数。

师：太棒了！（掌声鼓励）接下来，我们一起来数一数。

◇思考◇

学生第一次接触小数，对小数的认识是非常肤浅的，我利用人民币元与角之间的关系或米制系统让学生在生活化的情境中动手操作，感知小数，降低学生初步理解小数的难度。学生通过动手操作寻找 0.1 元，从而发现 $\frac{1}{10}$ 元和 0.1 元之间的关系，初步感悟 0.1 与 1 之间的关系。0.1 元的学习是学生理解小数的基础，我让学生在两种图形表征中找出 0.1 元，可为 0.1 元、0.3 m 等的学习奠定基础。在教学中，我结合学生的作品，让学生继续找出 0.2 元、0.3 元等，使其初步感知小数计数单位叠加的过程，为数概念一致性的学习奠定基础。

（二）寻找 0.3 m

活动：下面每个图形都表示 1 m，请任选一个图形并在图中表示出 0.3 m。

学生画图尝试，并展示交流。

生1：我把这个正方形分成 3 份，其中的一份就是 0.3 m。

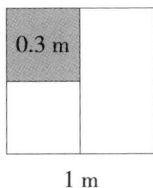

1 m

生2：我不同意，他没有做到平均分，要把正方形平均分成 3 份，每份就是 0.3 m。

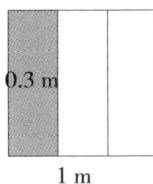

1 m

生3：我不同意，平均分成 3 份，每份都是 $\frac{1}{3}$ m，不是 0.3 m。

生4：我把正方形平均分成 9 份，其中的三份是 0.3 m。

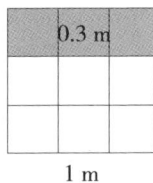

1 m

生5：平均分成 9 份，每份是 $\frac{1}{9}$ m，3 份是（$3 \times \frac{1}{9}$）m，也不是 0.3 m。

生6：我发现把线段图平均分成 3 份，每一份是 0.3 m，3 份加起来一共是 0.9 m，还有个 0.1 m 不见了。

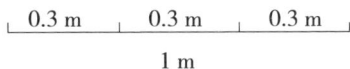

师：是啊！0.1 m 去哪里了？

生1：1 m 等于 10 dm，应该要把 1 m 平均分成 10 份。

生2：我把正方形平均分成 10 份，每份是 $\frac{1}{10}$ m，也就是 0.1 m，0.3 m 就是这样的 3 份。

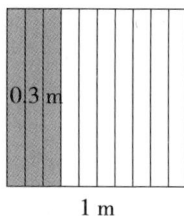

0.3 m

1 m

生 3：我把线段平均分成 10 份，其中的 3 份是 0.3 m。

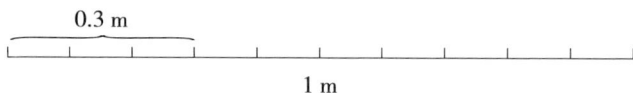

0.3 m

1 m

师：为什么找 0.3 m，也要平均分成 10 份？而不是平均分成 3 份或者 9 份？

生：把正方形或者线段平均分成 10 份，每份是 0.1 m，3 份就是 3 个 0.1 m，也就是 0.3 m。

教师小结：要想表示 0.3 m，先要表示 0.1 m，也就是要先把 1 m 平均分成 10 份，再取其中的三份就是 $\frac{3}{10}$ m，也就是 0.3 m。

师：那么 0.1 和 0.3 之间有什么关系呢？

生：都是把 1 平均分成 10 份，0.3 里面有 3 个 0.1。

思考

让学生寻找 0.3 m，不少学生认为将正方形或线段平均分成 3 份，其中的一份就是 0.3。这说明学生并未真正理解小数计数单位及十进制，而是将十进制与 $\frac{1}{3}$ 相混淆。为了突破这一教学难点，我从其中一名学生的作品入手，抓住关键问题："将线段平均分成 3 份，其中的一份是 0.3 m，3 份合起来是 0.9 m，还有 0.1 m 去哪里了？"这丢失的"0.1 m"引发学生的认知冲突，为学生深刻理解十进制奠定基础。在这一教学环节，我紧紧抓住"想找到 0.3 m 就要先找到 0.1 m，必须先把 1 m 等分成 10 份"这一核心内容，让学生充分感悟小数也是数出来的，从而体会小数是计数单位的累加。

三、联系数的计数单位，建构数概念的一致性

（一）借助数轴数小数

师：如果一条线段表示 1，那么，怎样表示 0.1 呢？

生：把这条线段平均分成 10 份，其中的一份就是 0.1。

师：有了 0.1，我们就可以数出哪些小数？

生：0.2、0.3……

师：为什么 0.9 后面是 1？

生：10 个 0.1 就是 1，满十进一。

师：还能继续数吗？

生：1、1.1、1.2……

师：这么多小数中哪个小数是最重要的？

生：0.1 最重要，后面的 0.2……都是从 0.1 开始，0.1、0.1 地往下数。

师：以前，我们是怎样数数的？

生：1 个 1 个地数、10 个 10 个地数、100 个 100 个地数、1000 个 1000 个地数。

师：小数呢？

生：0.1、0.1 地数。

师：小数是不是一个很小的数？

生：小数不一定是一个很小的数，1000.7 就很大。

师：为什么我们会给它取名小数？

生 1：数数单位（计数单位）很小。

生 2：要把 1 平均分成 10 份以后再数。

师：今后的学习，我们还要把 0.1 平均分成 10 份再数；小数是用比 1 小的 0.1 去数的，所以小数是很小的数是指它的数数单位很小。

思 考

从 0.1 元的学习过渡到 0.1 的学习，是通过从具体的计量单位 1 元中抽

离出来1，让学生在线段"1"中找到0.1，并通过数0.1的方式，依次认识0.2、0.3……0.9，再到10个0.1就是1，从整数部分为0跨越到整数部分为1，拓展了学生对小数的认知。这样的教学安排，一是让学生感受0.1的累加过程，二是让学生理解0.1的特殊性。通过教学，学生真正认识到小数的"小"不是绝对的，它是把1这个计数单位进行了细分，用更小的计数单位0.1去数，得到新数，让数的表达更加精确；所以小数之"小"不是小数本身之"小"，而在于计数单位之"小"。

（二）借助数轴数整数、分数与小数

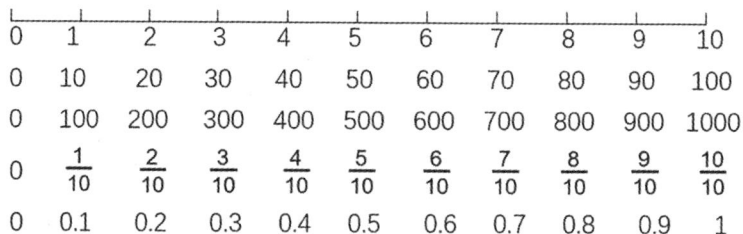

0	1	2	3	4	5	6	7	8	9	10
0	10	20	30	40	50	60	70	80	90	100
0	100	200	300	400	500	600	700	800	900	1000
0	$\frac{1}{10}$	$\frac{2}{10}$	$\frac{3}{10}$	$\frac{4}{10}$	$\frac{5}{10}$	$\frac{6}{10}$	$\frac{7}{10}$	$\frac{8}{10}$	$\frac{9}{10}$	$\frac{10}{10}$
0	0.1	0.2	0.3	0.4	0.5	0.6	0.7	0.8	0.9	1

教师小结：所有的数都是可以数出来的——数源于数。

思考

最后通过数整数、分数与小数，让学生感悟到无论是分数、小数还是整数，都可以用"多少个计数单位"表达。这样，通过数"0.1"的方式，让学生感受小数的创造过程，感悟一位小数是由"几个0.1组成的"。这样，学生在数整数、分数和小数的过程中，感悟数源于数，整个数数的过程有效地联通起来，让学生体会到整数、分数与小数之间的内在联系，从而建构数概念的一致性。

四、延伸小数计数单位，巩固数概念的一致性

师：老师这里有2块橡皮（从口袋里先摸出一块），这块橡皮比0.6元贵比1元便宜，它可能是多少元？

生：0.7元、0.8元、0.9元。

师：这三个答案猜得都不对！这块橡皮比0.9元贵比1元便宜呢！

生：0.91 元、0.92 元……0.99 元。

师：这块橡皮比 0.95 元贵比 0.99 元便宜呢！

生：0.98 元。

师：你猜得真准，这块橡皮的价格就是 0.98 元；（从口袋里再摸出另一块）还有一块橡皮比 1 元贵，可能是多少钱?

生 1：1.1 元、1.2 元……

生 2：2.1 元、3.1 元……

师：比 1 元贵，比 1.1 元便宜，可能是多少钱?

生：1.01 元、1.03 元、1.05 元……

师：比 1.05 元贵了一点点。

生：1.06 元。

师：没错，就是 1.06 元。看来小数不仅有一位，还有两位；小数不仅可以比 1 小，还可以比 1 大。小数的奥秘还有很多，以后我们继续学习。

简约而不简单

——"分数的意义"教学实践与思考

◎**课前思考**

新课程理念下的数学课堂，多媒体教学取代了以往的"一支粉笔"式教学，丰富的探究素材取代了以往的简单教具，小组合作学习取代了教师步步设疑、循循善诱。素材多样、活动丰富的课堂让数学学习变得复杂。如何剔除复杂的教学形式直击数学思维教学，让教学变得简约呢？我带着这样的思考设计了"分数的意义"一课，用最简单的教学素材——圆圈图贯穿整节课，使课堂变得简单明了，让学生易于理解分数。教学过程步步设疑、层层深入，帮助学生建构对分数概念的认知，从而使教学和学习更高效。

◎**教学目标**

1. 借助动手操作，探究、概括分数意义，进一步认识分数的意义。

2. 通过画图、对比、讨论等活动，理解单位"1"的意义，理解分数表示多少的相对性。

3. 发展数感，体会数学学习的乐趣，体会分数与生活的密切联系。

◎**教学重点**

经历分数意义探究过程，理解分数的意义。

◎**教学难点**

理解单位"1"的意义。

◎**教学过程**

一、在简明的对话中引入课题

(一)谈话引入

师：同学们，学过分数吗？

生：学过。

师：这节课我们将继续学习分数。（板书：分数的意义）

（二）唤起旧知

教师板书 $\frac{1}{4}$。

师：它表示什么？

生1：$\frac{1}{4}$ 表示把一个东西平均分成4份，取其中的一份。

生2：$\frac{1}{4}$ 还可以表示把一个图形平均分成4份，取其中的一份。

教师呈现圆形纸片。

师：你能表示出它的 $\frac{1}{4}$ 吗？（全班学生举手）怎样表示呢？

生：先把圆形纸片对折一次平均分成2份；然后再对折一次平均分成4份，用笔把折痕画出来；最后涂色涂出其中的一份。

师：涂其中的哪一份？

生：每一份都是圆的 $\frac{1}{4}$。

教师顺势涂出其中的一份。

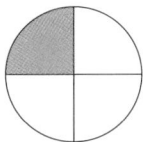

二、在简单的画图中再认识 $\frac{1}{4}$ 的意义

（一）认识4个圆的 $\frac{1}{4}$

教师呈现4个圆形纸片，并粘贴在黑板上。

师：1个圆的 $\frac{1}{4}$，你们都会表示了；那么4个圆的 $\frac{1}{4}$，你们会表示吗？（全班学生举手）

学生画图尝试，并展示交流。

生1：我先画了4个圆，然后把它们平均分成4份，涂色的这个圆，就是4个圆的 $\frac{1}{4}$。

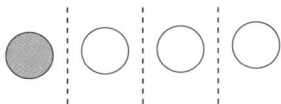

师：跟他画的一样的同学请举手。（全班学生都举手了）有没有问题要问他？

生：没有。

师：我看到的就是1个圆，没有看到$\frac{1}{4}$啊？

生1：涂色的圆就是4个圆的$\frac{1}{4}$啊！

师：但是，我看到的就是1个圆啊！请再想一想办法，怎么让我看到$\frac{1}{4}$？

生2：我在涂色的圆下面写了$\frac{1}{4}$。

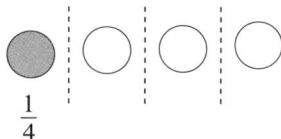

师：$\frac{1}{4}$这个分数我算是看到了，但是在图上怎么看不到$\frac{1}{4}$呢？

生3：我把这4个圆用集合图圈起来，这样就可以把4个圆看成一个整体，用1来表示，这个圆就是这个整体的$\frac{1}{4}$。（全班学生、会场听课教师掌声响起）

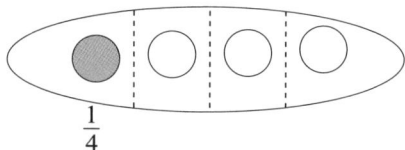

师：真棒！我们把4个分散的圆圈起来，就可以把它们看成一个整体（板书：一个整体），那么1个圆就可以表示为它的……

生：$\frac{1}{4}$。

师：第二个、第三个、第四个圆呢？

生：都可以表示为这个整体的$\frac{1}{4}$。

思考

从把"一个东西"平均分过渡到把"1个整体"平均分是"再认识"分数的重点之一，也就是说单位"1"从1个到多个。这对学生来讲，又是一次认识上的飞跃。因此，我故意放慢教学节奏，不断地提出疑问，设置障碍，通过简单的画圆操作不断激发学生思考并解决问题。让学生既对"一个整体"有深刻的认识，又能体验到成功的乐趣。

师：这两幅图表示的 $\frac{1}{4}$ 有什么不同？

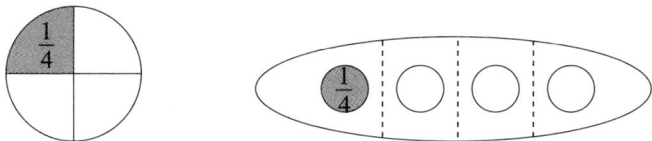

生1：第1个 $\frac{1}{4}$ 是1个圆的 $\frac{1}{4}$；第2个 $\frac{1}{4}$ 是4个圆的 $\frac{1}{4}$，也是一个整体的 $\frac{1}{4}$。

生2：它们表示的每一份的大小不同。第1个 $\frac{1}{4}$ 表示1个圆的一小部分，第2个 $\frac{1}{4}$ 表示的则是1个圆。

（二）认识多个圆的 $\frac{1}{4}$

1.学生自主尝试。

师：你还会表示几个圆的 $\frac{1}{4}$？

生1：我会表示8个圆的 $\frac{1}{4}$。

生2：我会表示12个圆的 $\frac{1}{4}$。

生3：我会表示16个圆的 $\frac{1}{4}$。

生4：我会表示32个圆的 $\frac{1}{4}$。

生5：我会表示2个圆的 $\frac{1}{4}$。

师：请这5名同学把想法画到黑板上，其他同学在练习本上表示出多个圆的 $\frac{1}{4}$。

2.学生展示交流。

生1：我把8个圆看成一个整体，平均分成4份，每份2个圆，是这个整体的 $\frac{1}{4}$。

生 2：我把 12 个圆看成一个整体，平均分成 4 份，每份 3 个圆，是这个整体的 $\frac{1}{4}$。

生 3：我把 16 个圆看成一个整体，平均分成 4 份，每份 4 个圆，是这个整体的 $\frac{1}{4}$。

生 4：我把 32 个圆看成一个整体，平均分成 4 份，每份 8 个圆，是这个整体的 $\frac{1}{4}$。

生 5：我把 2 个圆看成一个整体，平均分成 4 份，每份是半个圆，是这个整体的 $\frac{1}{4}$。

师：请比较一下这几个 $\frac{1}{4}$，它们有什么不同的地方？

生 1：每份圆的个数不一样，有的是 1 个，有的是 2 个，有的是 3 个，有的是 4 个，有的是 8 个，有的只有半个。

师：为什么呢？

生 2："一个整体"里面圆的个数不同，有的是 4 个，有的是 8 个，有的是 12 个，有的是 16 个，有的是 32 个，有的只有 2 个。

师：它们有什么相同的地方？

生 1：它们都是把一个整体平均分成了 4 份。

生 2：它们都是把一个整体平均分成了 4 份，并且都只取了其中的一份。

师：请你概括一下 $\frac{1}{4}$ 的意思。

生 2：不管几个圆，都可以将其看成一个整体，平均分成 4 份，一份就是它的 $\frac{1}{4}$。

师：不管几个圆，都可以将其看成一个整体，只要平均分成 4 份，其中的任何一份都可以用 $\frac{1}{4}$ 表示。

三、在简要的练习中认识分数的意义

（一）你还能表示出（　　）的 $\frac{1}{4}$？

师：除了表示圆的 $\frac{1}{4}$，你还能表示出谁的 $\frac{1}{4}$ 呢？

生 1：我会表示正方形的 $\frac{1}{4}$。

生 2：我会表示长方形的 $\frac{1}{4}$。

生 3：我会表示梯形的 $\frac{1}{4}$。

生 4：我会表示一些数字的 $\frac{1}{4}$。

生 5：我会表示一些苹果的 $\frac{1}{4}$。

…………

（二）再认识"平均分"

师：这里一共有 8 支笔，谁能拿出它的 $\frac{1}{4}$？

生：拿出 2 支笔，这 2 支笔就是它的 $\frac{1}{4}$。

师：你们同意他的观点吗？

全班学生点头表示同意。

师：你们真的同意吗？

生：同意！

师：请大家观察这 8 支笔，你们觉得刚才的做法是平均分吗？

学生思考一会儿后，一部分学生举起手表示不同意，一部分学生坚持这样做是对的。

生 1：不对，每支笔的大小不一样，颜色不一样，长短也不一样，不是平均分，不能用 $\frac{1}{4}$ 表示。

师：有这样的想法的同学请举手。（大多数学生举手）

生 2：我们可以不考虑笔的颜色、长短、大小、形状等因素，只要每 2 支为一份，就是平均分。

师：是不是只要把支数进行平均分就可以？

生：是的。

师：现在同意是平均分的同学请举手。（全班学生举手表示赞同）

师：当我们要把一些物体组成的一个整体进行平均分时，只要对数量进行平均分就可以了。

◇思◇考◇

在分数的初步认识阶段，我们一般需要特别强调"平均分"。学生在此阶段的学习，就是以分得结果是否一样去判断是否属于平均分，即所分得的部分在形状和面积上都一样，才是平均分，这样才可以用分数来表示。而当平均分对象从连续量过渡到离散量时，只需要抽象出数量特征，对数量进行平均分即可，至于它的颜色、形状等非本质因素就不用考虑了。教学中通过简要的"拿笔"练习引导学生再次认识"平均分"，不断完善其对分数的认识。

（三）再认识"四分之几"

师：2个$\frac{1}{4}$是多少？3个$\frac{1}{4}$是多少？4个$\frac{1}{4}$是多少？

生：$\frac{2}{4}$、$\frac{3}{4}$、$\frac{4}{4}$。

（四）分一分、数一数

分一分、数一数：把这堆糖平均分成（　　　）份，可数出的分数有（　　　）。

学生汇报，教师板书：

$\frac{1}{2}$　$\frac{2}{2}$

$\frac{1}{3}$　$\frac{2}{3}$　$\frac{3}{3}$

$\frac{1}{4}$　$\frac{2}{4}$　$\frac{3}{4}$　$\frac{4}{4}$

…………

$\frac{1}{12}$　$\frac{2}{12}$　$\frac{3}{12}$　…　$\frac{12}{12}$

师：在这么多的分数当中，我们先得到哪个分数？

生：几分之一。

师：像这样的几分之一的数，就是分数单位。

师：整数、小数又是怎样数的？

生1：整数是1个1个地数、10个10个地数、100个100个地数、1000个1000个地数……

生2：小数是0.1、0.1地数，0.01、0.01地数，0.001、0.001地数……

师：不管是整数、小数还是分数，都是数出来的，所以著名数学家华罗庚先生说"数源于数"。

◇思◇考◇

计数单位、分数单位都是数数单位，一个数都是由计数单位的个数与计数单位组成的。让学生在活动中体验到整数、分数与小数都是数出来的，从而理解数的运算一致性。

（五）概括分数的意义

师：刚才我们找到了那么多的分数，谁能总结一下什么样的数叫作分数？

生1：把一些物体，平均分成几份，取其中的几份，就可以用分数表示。

生2：把一个整体平均分成几份，取其中的一份或几份，就可以用分数表示。

教师小结：把一个整体平均分成若干份，取其中的一份或几份，可以用分数表示。

四、在简朴的数形结合中扩充数域

在下面的数轴上标出 $\frac{1}{3}$、$\frac{2}{3}$、$\frac{5}{6}$ 的位置。

生：$\frac{1}{3}$就是把它平均分成3份，取其中的一份，所以要标在第2格的位置；$\frac{2}{3}$是取其中的两份，所以标在第4格的位置。$\frac{5}{6}$是把它平均分成6份，取其中的五份，所以标在第5格的位置。

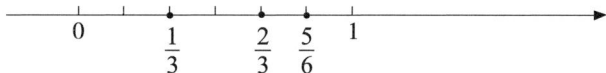

师：在这一段数轴上你还能找出哪些分数？

生1：还能找到$\frac{1}{6}$、$\frac{2}{6}$。

师：这里不是已经标了$\frac{1}{3}$吗？

生1：它们是同一个点，这两个分数是一样的，因为"平均分成6份取两份"与"平均分成3份取一份"是一样的。

师：还有吗？

生2：$\frac{3}{6}$这里也能表示为$\frac{1}{2}$，还有$\frac{4}{6}$，1这里也能表示为$\frac{6}{6}$。

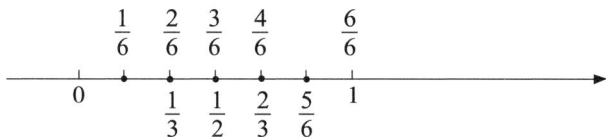

师：其实0和1之间、1和2之间还有很多很多分数，今后我们将继续学习研究。

思 考

学生已经有了在数轴上找自然数的经验，知道自然数0和1的位置，在数轴上表示出一些分数，再次认识分数是新的数，是自然数的扩充。通过简朴的数形结合的方式初步渗透分数相等、分数个数是无限个等知识，同时提出分数的位置不但可以在0和1之间，还可以在1和2之间，并且可以通过位置比较分数的大小，激发学生继续探究的热情。

五、在简洁的对话中进行全课总结

师：这节课我们再次认识了分数，对你启发最大的是什么？

生 1："把多个物体看成一个整体平均分成若干份，取其中的一份或几份，可以用分数表示"这句话启发最大。

生 2：大小、形状不一样的物体组成的一个整体，可以根据数量进行平均分。

生 3：我们不但能表示一个物体的几分之几，还可以表示一个整体的几分之几。

……………

得失相反，以负名之

——"负数的认识"教学实践与思考

◎**课前思考**

古代数学家刘徽指出："今两算得失相反，要令正负以名之。"意思是说，在计算过程中遇到具有相反意义的量，要用正数和负数来区分它们。"负数的认识"一课要求学生认识生活中的负数，理解正数和负数表示生活中具有相反意义的量，为后续负数的运用和运算等内容的学习做铺垫。本节课通过两次数据记录，探究负数的表示方法和意义。第一次记录各城市的温度，利用负数能够简洁地表示出零下温度，体现出负数表示的必要性和简洁性。第二次记录生活中的数据，探究正数和负数的意义，体会负数的数学本质。

◎**教学目标**

1. 能够正确地读写负数，初步学会用正、负数描述现实生活中一些简单的具有相反意义的量。

2. 知道 0 表示的含义，理解负数在实际生活中表示的意义，能借助数轴初步学会比较负数、0 和正数的大小。

3. 体会数学与生活的联系，经历数学化、符号化的过程，体会负数产生的必要性，提高解决实际问题的能力。

◎**教学重点**

结合现实情境理解负数的不同含义。

◎**教学难点**

能用正数和负数表示生活中具有相反意义的量。

◎**教学过程**

一、气温导入，引出负数

师：近几日，全国进入"速冻"模式，各地迎来了寒潮，气温断崖式下降。同学们，你们冷吗？

生：冷。

师：现在老师请同学们当一次天气预报的记录员，帮忙记录一下各地气温，可以吗？

生：可以。

记录要求：用简洁又清楚的方式来表示各地气温。

教师播报资料卡 1 中的内容，邀请 2 名学生上台记录。

```
资料卡1
北　京　　最低气温：零下 7 ℃；最高气温：4 ℃
哈尔滨　　最低气温：零下 18 ℃；最高气温：12 ℃
乌鲁木齐　最低气温：零下 5 ℃；最高气温：零下 1 ℃
昆　明　　最低气温：5 ℃；最高气温：13 ℃
温　州　　最低气温：1 ℃；最高气温：12 ℃
杭　州　　最低气温：0 ℃；最高气温：11 ℃
```

◇思◇考

结合生活中的气温变化，引导学生记录各地的最高气温和最低气温，通过不同的记录方法，引出负数，为后面负数的学习奠定基础。

二、认识负数，理解含义

（一）认识负数，初探负数的含义

学生汇报，呈现多种记录方式。

| 北京零下 7℃ ～4℃ |
| 哈尔滨零下 18℃ ～12℃ |
| 乌鲁木齐零下 5℃ ～零下 1℃ |
| 昆明：　5℃ ～13℃ |
| 温州：　1℃ ～12℃ |
| 杭州：　0℃ ～11℃ |

| 北京：-7℃ ～4℃ |
| 哈尔滨：-18℃ ～12℃ |
| 乌鲁木齐：-5℃ ～1℃ |
| 昆明：5℃ ～13℃ |
| 温州：1℃ ～12℃ |
| 杭州：0℃ ～11℃ |

师：你认为哪种表示方法最简洁？

生1：第二种方法更简洁，只需要用符号"-"就能表示出零下的温度。

生2：我也觉得这种表示方法既简洁又清楚。

师：（指着 -1 ℃）这个符号"-"叫作负号，像 -1 ℃这样的数叫作负数，读作"负一摄氏度"。它们表示什么意思？这个符号能不能去掉？

生：这里的负号表示零下，如果去掉就表示零上1℃。

师：所以负数能够表示零下的温度。这里还有负数吗？

生：-5℃、-7℃、-18℃都是负数。

师：（指着 1 ℃、5 ℃、11 ℃）这些是什么数呢？

生：正数。

师：正数是有符号"+"的，在日常使用中，通常省略正号。

（二）二次记录，理解负数的意义

师：同学们，生活中还有很多数据，请2名同学帮忙记录下来。

教师播报资料卡2中的内容，邀请2名学生上台记录。

> 资料卡2
>
> 楼层　老师住在9楼，车停在地下1楼。
>
> 收支　小明妈妈给他5元，买笔支出3.5元。
>
> 买卖　商店买进水果3吨，卖出3吨。
>
> 海拔　珠穆朗玛峰海拔高于海平面8848米，马里亚纳
>
> 　　　海沟海拔低于海平面11 034米。

学生记录方式：

老师家住在：9楼
车停在：-1楼
小明有了：5元
花了：3.5元
商店进了：3吨苹果
商店卖出：3吨苹果
最高：8848 m
最低：-1103A m

老师家：9楼　　收：5元
车停在：-1楼　　花：-3.5元
进：3吨　　最高：8848米
卖：-3吨　　最低：-11034米

师：你们有什么想法?

生1：我觉得地下1层可以用 −1 表示，低于海平面也可以用负数表示。

生2：我认为这里的支出和卖出也可以用负数表示，支出与收入相反，买进与卖出相反。

师：刚刚的负号表示零下的温度，这些负号又表示什么意思呢?

生1：−1 楼表示地下一层。

生2：−3.5 元表示支出 3.5 元。

生3：−3 吨表示卖出 3 吨。

生4：−11 034 m 表示低于海平面 11 034 m。

师：为什么这些量都可以用负数表示?

生1：因为地上是正数，地下就可以用负数表示。

生2：收入为正，支出就可以用负数表示。

生3：买进为正数，卖出就可以用负数表示。

生4：高于海平面为正，低于海平面就是负。

生5：因为它们都表示相反的意义，所以分别用正数和负数表示。

师：利用正数和负数，能够表示出生活中具有相反意义的量。那么除了这些负数，你还在哪些地方见过负数?

生1：股票，涨价为正，跌价为负。

生2：银行存折里，提取为负，存入为正。

…………

(三) 介绍负数，了解负数的由来

师：中国人很早就开始使用负数。以收入为正，支出为负；以盈余为正，以赤字为负。我国古代数学家刘徽用算筹区分正数和负数，用红色算筹表示正数，黑色算筹表示负数。

思 考

通过对中华优秀传统文化的介绍，让学生更深入地了解负数的由来，从而为负数的学习创设广阔的探究空间。利用中华优秀传统文化引出负数，在教学中起到承上启下的作用，有效地连接起前后教学内容，提高教学的严谨性。

（四）理解负数，探寻0的意义

师：（出示一个温度计）你们觉得这里哪一个数最特殊呢？

生1：0 ℃。

生2：0刚好是分界线，既不是正数，也不是负数。（掌声鼓励）

师：太棒了！0 ℃表示冰和水混合物的温度，既不是零上温度，也不是零下温度。那么0还可以表示什么呢？

生：0楼表示地面，0元表示没有收入也没有支出，海拔0 m表示与海平面高度相同。

（五）迁移负数，整合纳入数体系

师：我们刚才学习的负数，与正数有什么关系？

生1：正数和负数，构成了我们学过的数。

生2：正数、负数和0一起组成了我们学过的数。

师：你能用韦恩图表示正数、负数与0之间的关系吗？

生1：我依次填的是正数、负数和0。

生2：我依次填的是正数、0和负数。

生3：我填的是负数、正数和0。

生4：不对，我填的是负数、0和正数。

师：我们一般按照负数、0和正数的次序填在韦恩图里。

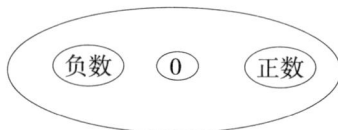

$$\boxed{\;\text{负数}\quad 0 \quad \text{正数}\;}$$

◇思◇考◇

两次填写记录数据，第一次记录各地的最高气温与最低气温，学生在实践中，感受用负数表示零下温度具有简洁性和清晰性的特点。第二次记录发现，除了温度，生活中还有许多量，例如，收入与支出、海拔、股票涨跌等都可以用正、负数记录，学生通过思考与辨析，探究负数的数学本质——表示具有相反意义的量。同时，配合叙述 0 的意义，这也是一个重要知识点，有助于促进学生对负数的意义有更深层次的理解。

三、应用负数，探寻本质

（一）负数与数轴

师：刚刚我们学习了负数，你能在数轴上表示负数吗？

在数轴上表示出 -1、$-\dfrac{2}{3}$、-3.5、-5。

学生自主探究，交流汇报。

生 1：我先测量 0 到 1 的距离，然后往左量取同样长度，标出 -1；$-\dfrac{2}{3}$ 应该在 -1 到 0 之间，靠近 -1 的位置；-3.5、-5 的位置就比较好找了。

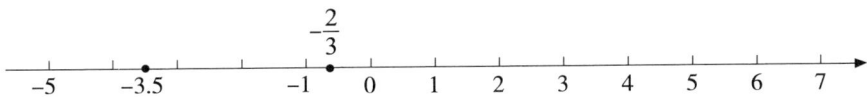

师：太棒了！大家掌声鼓励！但是听了他的介绍，你们有问题要问他吗？

生 2：为什么把原来的数轴向左延长了？

生 1：因为负数与正数表示的意义正好相反，0 右边的点应该与 0 左边的点建立联系。

生 3：$-\dfrac{2}{3}$ 为什么不在靠近 0 的位置？

生 1：可以先看看 $\dfrac{2}{3}$ 的位置，$\dfrac{2}{3}$ 靠近 1，所以 $-\dfrac{2}{3}$ 也靠近 -1。

师：请观察数轴，你们还有什么发现？

生 1：数轴上的数越往左越小。

生 2：1 到 0 与 -1 到 0 的距离相等。

生 3：2 到 0 与 -2 到 0 的距离也相等，这样的数还有很多。

（二）数与平面坐标

在一条数轴的基础上，再画一条纵轴。图中已经用数对（3，2）标

出点 A 的位置。请标出 B（-3，2），C（-3，-2），D（3，-2），并把 A、B、C、D 四个点依次连接起来。

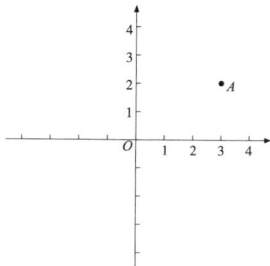

思 考

通过一条数轴，帮助学生理解负数的数学本质——表示具有相反意义的量。以 0 为分界线，数轴上的数可以分为负数、0 和正数，并通过标出数轴上负数的位置，比较负数的大小，理解互为相反数的正数和负数到 0 的距离相等（绝对值相等）。在数轴的基础上，增加一条纵轴，能够将一个平面分为四个象限，在平面上表示不同位置的点，从而与正、负数知识建立联系。

四、课堂小结

师：通过本节课，你有什么收获？

生 1：我了解了负数。

生 2：我知道了负数与正数相反。

生 3：我可以在数轴上找出负数。

…………

让计算不再枯燥
——"多位数乘一位数复习课"教学实践与思考

◎课前思考

计算类单元复习课，学生往往会觉得内容简单、枯燥，故而课堂参与积极性不高，但在做题的过程中错误率又不低。如何打破枯燥的做题模式？如何采用问题链串联起整个单元知识的脉络，直击学生的易错点、难点？我带着这样的思考设计了"多位数乘一位数复习课"，尝试用2、3、□组成两位数乘一位数的乘法竖式及用1、2、3、□组成三位数乘一位数的乘法竖式展开教学，从而形成以探究式为主的课堂新样态，这样能更加注重对学生发现问题、提出问题、分析问题和解决问题能力的培养，从而激发学生主动学习的兴趣，让枯燥的计算课变得好玩一些。

◎教学目标

1. 掌握两位数乘一位数及三位数乘一位数的口算与笔算方法，进一步理解算理，并能正确地进行笔算；在搭配算式中能理解找出积最大的算式的方法。

2. 在列式、观察、提问等探究过程中，培养运算能力及迁移类推和解决问题的能力，形成良好的数感。

3. 建立多位数乘一位数算法与算理之间的联系，感受知识的发展和变化，体验成功的喜悦，培养良好的运算习惯。

◎教学重点

进一步掌握多位数乘一位数的计算方法。

◎教学难点

理解找出积最大的算式的方法。

◎**教学过程**

一、在谈话中引入课题

出示课题：多位数乘一位数复习课。

师：同学们已经学过了多位数乘一位数，这节课老师带大家一起复习。

二、两位数乘一位数的乘法竖式

（一）理解题意

出示问题：用2、3、□组成两位数乘一位数的乘法竖式。

师：读一读。（圈出乘法竖式）

师：这里有几个数呢？

生：2、3。

师：是的，现在只有2个数，还有一个数让你填，你会填几呢？

生1：4。

生2：5。

生3：6。

…………

（二）探究乘法竖式

师：如果□里填4，可以列出多少道竖式？

学生举例，教师板书：

$$
\begin{array}{cc} 3\,4 \\ \times\ \ 2 \\ \hline \end{array}
\quad
\begin{array}{cc} 2\,3 \\ \times\ \ 4 \\ \hline \end{array}
\quad
\begin{array}{cc} 3\,2 \\ \times\ \ 4 \\ \hline \end{array}
\quad
\begin{array}{cc} 4\,3 \\ \times\ \ 2 \\ \hline \end{array}
\quad
\begin{array}{cc} 2\,4 \\ \times\ \ 3 \\ \hline \end{array}
\quad
\begin{array}{cc} 4\,2 \\ \times\ \ 3 \\ \hline \end{array}
$$

师：刚才老师在□里填4，列出了6道竖式。如果□里填5呢？

生1：也是6道。

生2：不管□里填几都可以列6道乘法竖式。

师：□里还可以填几？

生1：6、7、8……

生 2：不管填几都可以列 6 道乘法竖式。

生 3：0 除外。

(三) 计算乘法竖式

师：在草稿本上算一算□里填 4 的乘法竖式，算完了的同学继续计算其他竖式。3 分钟时间，看看谁算得又多又对。

1. 展示学生 1 的作品。

$$
\begin{array}{cccccccc}
\begin{array}{r} 34 \\ \times\ 2 \\ \hline 68 \end{array} &
\begin{array}{r} 23 \\ \times\ 4 \\ \hline 92 \end{array} &
\begin{array}{r} 32 \\ \times\ 4 \\ \hline 128 \end{array} &
\begin{array}{r} 43 \\ \times\ 2 \\ \hline 86 \end{array} &
\begin{array}{r} 24 \\ \times\ 3 \\ \hline 72 \end{array} &
\begin{array}{r} 42 \\ \times\ 3 \\ \hline 126 \end{array} &
\begin{array}{r} 25 \\ \times\ 3 \\ \hline 75 \end{array} &
\begin{array}{r} 23 \\ \times\ 5 \\ \hline 115 \end{array} \\
① & ② & ③ & ④ & ⑤ & ⑥ & ⑦ & ⑧
\end{array}
$$

2. 交流反馈。

师：大家有没有问题要问他？

生 2：竖式⑤中，为什么是 $2 \times 3 = 7$？

生 1：$4 \times 3 = 12$，向十位进 1；$2 \times 3 = 6$，$6+1 = 7$。

生 3：竖式②中，2×4 为什么等于 9？

生 1：跟竖式⑤一样，也有进位。

生 4：竖式⑤中，3×4 为什么积的个位只写了 2？

师：也就是这里的"1"去哪里了？

生 1：进位到前面一位了。

生 5：竖式⑧中，2×5 为什么等于 11？

生 1：三五十五，进一。

师：我们一起来核对一下这 8 道题，都做对的同学请举手。

师：除了这 8 道竖式，你还列了哪些竖式？每个同学报一道。

教师随机板书 2 道：

$$
\begin{array}{cc}
\begin{array}{r} 32 \\ \times\ 5 \\ \hline 160 \end{array} &
\begin{array}{r} 35 \\ \times\ 2 \\ \hline 70 \end{array}
\end{array}
$$

◇思◇考◇

多位数乘一位数的练习，并不是越多越好，我们要发挥每一道题的练习价值。通过对两位数乘一位数的计算的分类，帮助学生深度理解计算算理。这样，让学生在分类中深化对多位数乘一位数知识的理解与认识。

3. 分类中明晰。

师：黑板上有几道竖式？

生：10 道。（教师依次标上序号）

3 4	2 3	3 2	4 3	2 4	4 2	2 5	2 3	3 2	3 5
× 2	× 4	× 4	× 2	× 3	× 3	× 3	× 5	× 5	× 2
6 8	9 2	1 2 8	8 6	7 2	1 2 6	7 5	1 1 5	1 6 0	7 0
①	②	③	④	⑤	⑥	⑦	⑧	⑨	⑩

师：这么多竖式，给它们分分类，你会怎么分类呢？

同桌讨论，依次分享。

生 1：把乘 2 的分为一类，乘 3 的分为一类，乘 4 的分为一类，乘 5 的分为一类。

生 2：按第一个乘数的大小分类，二十几的为一类，三十几的为一类，四十几的为一类。

生 3：计算的过程中有进位的为一类，没进位的为一类。

师：在这 10 道竖式中，哪些进位，哪些不进位？（师生一起找相应的竖式）

生 4：按第二个乘数的大小分类，2 为一类，3 为一类，4 为一类，5 为一类。

生 5：答案在 100 以下的为一类，在 100 以上的为一类。（师生一起找相应的竖式）

师：答案 100 及以上的是几位数？

生：三位数。

师：100 以下的是几位数？

生：两位数。

（四）拓展延伸

1. 质疑。

师：黑板上哪个积最大？

生：160。

师：能不能从 2、3、□随机组合的算式中找出一道两位数乘一位数的积最大的算式？这时□里填几？

生：□里填 9。

师：猜想一下，哪道算式的积最大？

生 1：32×9。

生 2：92×3。

生 3：93×2。

生 4：29×3。

生 5：39×2。

生 6：23×9。

2. 猜想验证。

师：不直接计算，你能判断哪道竖式的积最大吗？

$$
\begin{array}{cccccc}
3\ 2 & 9\ 2 & 9\ 3 & 2\ 9 & 3\ 9 & 2\ 3 \\
\times\ \ 9 & \times\ \ 3 & \times\ \ 2 & \times\ \ 3 & \times\ \ 2 & \times\ \ 9 \\
\hline
① & ② & ③ & ④ & ⑤ & ⑥
\end{array}
$$

学生基本上都选①②③，快速计算验证结果，发现第①道竖式的积最大，其次是第②道。

3. 比较中明晰。

聚焦两道竖式：竖式①②。

师：对比这两道竖式，第①道竖式的积为什么比第②道竖式的积大？

生 1：92 乘的是 3，而 32 乘的是 9。因为它乘的数比第②道大。

生2：竖式①：$30×9＝270$，$2×9＝18$；竖式②：$90×3＝270$，$2×3＝6$；两道竖式十位上的数与第二个乘数相乘的积相同，只需比较个位上的数与第二个乘数相乘的积的大小。

师：太棒了！除此之外，你还发现了什么规律？

生：把最大的数当作第二个乘数，把第二大的数放在第一个乘数的十位上，相乘的积会最大。

◇思◇考◇

以2、3、□组成两位数乘一位数的乘法竖式为问题链，整合单元中的易错点和难点，提高了复习的效率。在探究两位数乘一位数乘法竖式的过程中，巩固算理和算法，打破枯燥的计算做题模式，引导学生不断地提出疑问，在质疑中聚焦算式明晰算理，不断地促进学生积极思考并解决问题，为学生核心素养的发展奠定基础。

三、三位数乘一位数的乘法竖式

出示问题：用1、2、3、□组成三位数乘一位数的乘法竖式。

（一）探究乘法竖式

师：如果要组积最大的竖式，你会怎么组呢？

生1：$321×9$ 的积会最大。

生2：也有可能是 $921×3$ 的积大一些。

学生动手验证，发现 $321×9$ 的积比 $921×3$ 的积大。

师：你能解释原因吗？

生：第一道算式 $300×9＝2700$，$20×9＝180$；第二道算式 $300×9＝2700$，$20×3＝60$，比较一下发现第一道算式的积大一些。

师：第一个乘数个位与第二个乘数相乘的积不用进行比较吗？

生：两道竖式中第一个乘数百位上的数与第二个乘数相乘的积相同，十位上的数与第二个乘数的积已经相差120，个位上的数与第二个乘数的积就不用进行比较了。

(二)对比联系

师：三位数乘一位数和两位数乘一位数有什么相同和不同的地方？

生 1：都有进位乘法，乘数都是一位数。

生 2：有的进两次，有的进一次。

师：你们都是怎么乘的？

生：用第二个乘数先去乘第一个乘数的个位，再去乘十位，接着再乘百位。

$$
\begin{array}{r}
9\ 2\ 1 \\
\times\qquad 3 \\
\hline
\end{array}
$$

师：如果第一个乘数前面再加一个 2，你还会乘吗？

生：会。

师：五位数乘一位数，会不会？

生：会。

师：再加一个会不会？

生：会。

$$
\begin{array}{r}
2\ 9\ 2\ 1 \\
\times\qquad 3 \\
\hline
\end{array}
\qquad
\begin{array}{r}
5\ 2\ 9\ 2\ 1 \\
\times\qquad 3 \\
\hline
\end{array}
\qquad
\begin{array}{r}
4\ 5\ 2\ 9\ 2\ 1 \\
\times\qquad\qquad 3 \\
\hline
\end{array}
$$

师：多位数乘一位数，都是从低位开始乘。学到这里，你们有什么问题吗？

生：为什么从个位开始乘？

师：如果从十位开始乘，怎么乘？（板书：25×3）

学生回答，教师板书：

$$
\begin{array}{r}
2\ 5 \\
\times\ 3 \\
\hline
6\ 0 \\
1\ 5 \\
\hline
7\ 5
\end{array}
\qquad
\begin{array}{r}
2\ 5 \\
\times\ 3 \\
\hline
7\ 5
\end{array}
$$

师：比较一下两种算法，哪种方法更简便?

生：第二种方法更简便。

◇思◇考◇

有了探究两位数乘一位数乘法竖式的经验，学生能将经验类比迁移到三位数乘一位数的乘法竖式学习中。在学生提问中，教师直面学生的疑惑，使学生真正理解在笔算乘法中从低位算起的简便性。在对比乘法竖式中，引导学生找出竖式计算的相同点，并将其拓展延伸至多位数乘一位数的计算中，从而理解数的运算一致性。

四、练习

师：积是两位数，□里可以填几?

$$
\begin{array}{r}
2\,\square \\
\times\quad 4 \\
\hline
\end{array}
$$

生：0、1、2、3、4。

师：积是三位数，□里最小填几?

生：5。

师：积是四位数，□里最小填几?

$$
\begin{array}{r}
1\,\square\,5 \\
\times\quad\quad 8 \\
\hline
\end{array}
$$

生：2。

师：$25 \times 4 = 100$，$125 \times 8 = 1000$ 都是非常重要的等式，在今后的学习中，我们会经常遇到。

◇思◇考◇

学生已经有了多位数乘一位数的经验，能从积的位数判断因数中的□应该填几。教师可用估算、推理等逆向思维设计拓展练习，激发学生继续探究多位数乘一位数的热情，提升学生解决问题的综合能力。

多元表征明算理，运算一致悟算法

——"口算除法"教学实践与思考

◎**课前思考**

在数与代数领域，《义务教育数学课程标准（2022 年版）》把"数的认识"与"数的运算"统整为"数与运算"，突出了"数"与"运算"之间的紧密联系，体现了数的认识与运算教学一致性的要求。加法和减法是计数单位个数的累加和减少，在计算过程中计数单位并没有发生变化，学生比较容易理解。而在乘法和除法的运算中，会产生新的计数单位，所以学生理解起来比较困难。如何在计算中通过推理渗透计算的一致性，有效理解运算中产生的新的计数单位呢？我以"口算除法"一课教学为例展开思考。

口算除法是学生在学习了整十、整百数除以一位数的口算的基础上学习的，为后续学习除数是两位数的笔算打下基础，同时也是试商的重要方法。在实际教学中，学生能通过"想乘算除"或是"抵消 0"的方法将除法算式简化成表内除法的形式，然而这些方法都只停留在"直觉感知"的阶段，他们对算理的理解仍是比较模糊的。从统一计数单位着手思考口算除法，可以帮助学生理解除法的本质就是计数单位的个数的运算。

◎**教学目标**

1. 掌握整十数除整十数、整百数的口算方法，理解口算除法算理，能正确地进行计算；会用合适的方法估算除数是两位数的除法。

2. 经历探究口算方法与算理的全过程，体会计数单位与计数单位运算产生新计数单位的过程，提高运算能力和推理能力。

3. 在活动中感受数学学习的乐趣，增强学习数学的信心。

◎教学重点

掌握整十数除整十数、整百数的口算方法，会用合适的方法估算除数是两位数的除法。

◎教学难点

经历探究口算方法的全过程，理解口算除法的算理。

◎教学过程

一、找准认知，产生冲突

师：这节课我们一起来学习"口算除法"。（板书：口算除法）

呈现算式：$80÷20$。

师：得数等于多少？

生：$80÷20=4$。

师：$800÷200$ 等于多少？

生：$800÷200=4$。

师：$8000÷2000$ 等于多少？

生1：$8000÷2000=4$。

师：为什么都等于4呢？不等于40、400、4000呢？

生1：被除数和除数同时扩大，商不变，所以都等于4。

生2：计算单位相同，相除时抵消了。

〔思考〕

直接口算，有些学生会根据"想乘算除"得出正确结果。学贵有疑，教师提出的问题能引发学生产生认知冲突，使学生产生"为什么都等于4呢"的困惑，这些困惑能有效激发学生的探究兴趣。

二、多元表征，理解算理

（一）借助计数器，初步理解算理

师：请同学们在计数器上画一画，或用文字记录你的思考过程。

教师出示计数器图片，学生在图片上操作。

$80 \div 20 =$ 　　　　$800 \div 200 =$ 　　　　$8000 \div 2000 =$

| 千 | 百 | 十 | 个 |

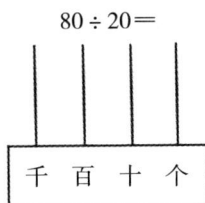

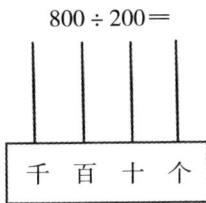

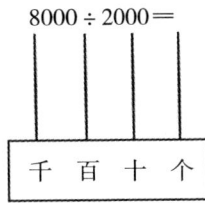

学生分别在十位、百位和千位上画 8 颗珠子，每 2 颗珠子圈一圈，分别圈了 4 个圈。

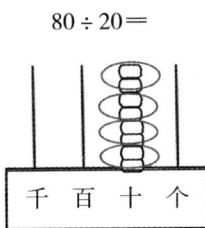

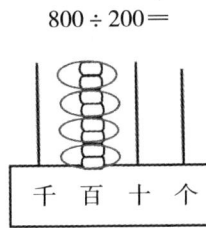

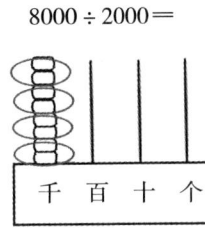

$80 \div 20 =$ 　　　　$800 \div 200 =$ 　　　　$8000 \div 2000 =$

| 千 | 百 | 十 | 个 |

师：这 3 道算式是不一样的，画的图也不一样，但有没有一样的地方？

生 1：都画了 8 颗珠子。

生 2：得数都是 4。

生 3：都在算 $8 \div 2 = 4$。

师：它们也有不同的地方，请你找一找。

生：它们表示的意思不一样，$80 \div 20$ 表示 8 个十除以 2 个十；$800 \div 200$ 表示 8 个百除以 2 个百；$8000 \div 2000$ 表示 8 个千除以 2 个千。

师：通过画图，一目了然，答案等于 4，而不是 40、400、4000。那么，谁是用文字记录思考过程的？

生 1：除法是乘法的逆运算，所以我是想乘法算除法。$20 \times 4 = 80$，所以 $80 \div 20 = 4$；$200 \times 4 = 800$，所以 $800 \div 200 = 4$；$2000 \times 4 = 8000$，所以 $8000 \div 2000 = 4$。

生 2：8 个千，每 2 个千 1 份，分成 4 份；8 个百，每 2 个百 1 份，也分成 4 份；8 个十，每 2 个十 1 份，还是分成 4 份。

生 3：我发现了被除数和除数计数单位相同时，可以相互抵消。（掌声响起）

◇思◇考◇

先在计数器上画一画，让学生从视觉表象层面理解80÷20、800÷200、8000÷2000都可以简化成8÷2的原理，再通过语言表述8个计数单位除以2个计数单位等于4。通过画图表征和语言表征的形式理解被除数和除数计数单位相同可以忽略计数单位，直接用计数单位的个数相除，从算理上解释了为什么可以"抵消0"。

（二）联系乘法，沟通算法的一致性

师：学到这里你们有什么问题要提吗？

生1：为什么被除数与除数中有0，商中却没有0呢？

生2：在除法中，被除数与除数末尾的0的个数相互抵消，而乘法中两个乘数末尾的0的个数要相加。

师：如$20 \times 30 = 600$，是怎样算出来的呢？

生：先算$2 \times 3 = 6$，再加两个0。

师：为什么口算乘法时要把乘数末尾0的个数相加呢？

生：20×30是计算2个十乘3个十，计数单位的个数相乘$2 \times 3 = 6$，得到的不是6个一，而是6个百，我们还要把计数单位相乘，实际上是$10 \times 10 = 100$，所以在6的末尾直接加上2个0。

师：也就是说，先把计数单位的个数相乘$2 \times 3 = 6$，再把计数单位相乘$10 \times 10 = 100$，所以得到了6个百。那么，除法是否也是这样计算的呢？

生：计算$80 \div 20$就是8个十除以2个十，先算$8 \div 2 = 4$，再算$10 \div 10 = 1$，得到4个一，所以答案等于4。

师：$800 \div 200$怎么计算？

生：先算$8 \div 2 = 4$，再算$100 \div 100 = 1$，是4个一。

师：那$8000 \div 2000$呢？

生：先算$8 \div 2 = 4$，再算$1000 \div 1000 = 1$，是4个一。

（三）运用推理，计数单位从统一到不统一

师：你是怎么计算$100 \div 20$的？

生：10 个十除以 2 个十，先算 10÷2 = 5，再算 10÷10 = 1，是 5 个一。

师：120÷20 呢？

生：12 个十除以 2 个十，先算 12÷2 = 6，再算 10÷10 = 1，是 6 个一。

师：那么 1200÷20 呢？同桌相互说一说。

生：120 个十除以 2 个十，先算 120÷2 = 60，再算 10÷10 = 1，是 60 个一。

师：谁有不一样的方法？

生：将算式看成 12 个百除以 2 个十，先算 12÷2 = 6，再算 100÷10 = 10，是 6 个十。

师：36 000÷90，同桌之间说一说，看看谁的方法多。

生 1：36 个千除以 9 个十，先算 36÷9 = 4，再算 1000÷10 = 100，得到 4 个百，也就是 400。

生 2：360 个百除以 9 个十，先算 360÷9 = 40，再算 100÷10 = 10，得到 40 个十，也就是 400。

生 3：3600 个十除以 9 个十，先算 3600÷9 = 400，再算 10÷10 = 1，得到 400 个一，也就是 400。

师：三种方法，你最喜欢哪一种？

生 1：我最喜欢第一种方法，先把被除数与除数中 0 前面的数相除，再计算 0 的个数。

生 2：我最喜欢第三种方法，先把被除数与除数都看成相同计数单位，然后把计数单位的个数相除，除得的结果是几，就是几个一，也就是几。

师：请同学们选择自己最喜欢的方法进行计算。

◇思考◇

将口算除法与乘法的算理进行联结，帮助学生感受除法和乘法在算法上的一致性，理解除法计算中新的计数单位产生的缘由。理解计数单位相除产生新的计数单位的生长点是计数单位相乘产生新的计数单位。引导学生用多种方法计算36 000÷90，学生在计算中体会当计数单位不统一时，也可以直接进行计算。通过计数单位的个数相除得到个数，计数单位相除得到新的计数单位，再通过对比优化方法。在探究过程中，学生体验了计算方法的一致性和运算的整体结构，感受了除法运算也是计数单位个数运算的这一本质。

三、方法迁移，探究估算

呈现算式：84÷20、79÷20。

师：它们与前面学习的口算除法有什么不同？

生：被除数不是整十数了。

师：那么大约等于几呢？请同学们圈一圈，算一算。

下图有84个小正方形，每20个圈一堆，约可圈几堆？算式：_____。

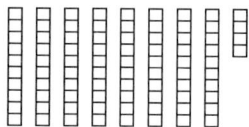

下图有79个小正方形，每20个圈一堆，约可圈几堆？算式：_____。

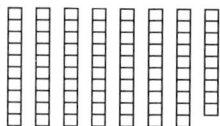

学生作品展示：

下图有84个小正方形，每20个圈一堆，约可圈几堆？算式：$84÷20≈4$。

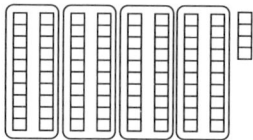

下图有79个小正方形，每20个圈一堆，约可圈几堆？算式：$79÷20≈4$。

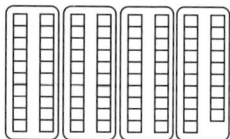

学生活动、反馈交流。

生 1：第一题圈了 4 圈，多了 4 个；第二题圈了 3 圈，多了 19 个，第一题约等于 4，第二题约等于 3。

生 2：我不同意！第一幅图把多的 4 个假装看不见，第二幅图的最后一列看成 10 个，所以约等于 4。（全班大多数学生赞同）

师：计算这两题，我们可以把 84 约等于 80，把 79 约等于 80 进行计算，所以答案都约等于 4。

师：那么，$91 \div 30 \approx$？

生：把 $91 \div 30$ 看成 $90 \div 30$，$90 \div 30 = 3$，那么，$91 \div 30 \approx 3$。

师：$134 \div 40 \approx$？

生：约等于 3，把 $134 \div 40$ 看成 $120 \div 40$，$120 \div 40 = 3$，那么，$134 \div 40 \approx 3$。

师：为什么不把 $134 \div 40$ 看成 $130 \div 40$ 呢？

生：虽然 134 最接近 130，但是 $130 \div 40$ 中 13 个十除以 4 个十，计数单位的个数 $13 \div 4$ 是有余数的，不能正好用乘法口诀进行计算。（掌声鼓励）

出示题目：$371 \div 40 \approx$ _____。

师：把 371 看成多少？

生：把 371 看成 360 进行估算。

师：为什么不看成 400 计算呢？

生：371 更接近 360。

出示题目：$166 \div 50 \approx$ _____。

师：为什么把 166 看成 150？好处在哪里？

生：因为口诀是"三五十五"。

出示题目：$211 \div 40 \approx$ _____。

师：把 211 看成多少？

生：看成 200。

师：你能概括一下估算的方法吗？

生 1：把不是整十数、整百数看成整十数、整百数进行估算。

生 2：还要尽量是能直接用乘法口诀进行计算的"整十数、整百数"。

师：同学们太棒了！

◇思◇考◇

让学生通过圈一圈的方式理解估算的意义，讨论"166÷50"中的 166 为什么估成 150 而不是 160，让学生感受估算要根据实际情况选择估算策略，打破四舍五入的思维定式。数学探究活动要注重活动的参与性，要让所有学生积极参与到数学探究活动中来，通过这些活动为学生后续"试商"积累更丰富的经验，奠定坚实的基础。

四、课堂小结，整理沟通

师：这节课你有什么收获？

生 1：我学会了除法的口算。

生 2：我会用计数单位除以计数单位，用它们的个数除以个数来口算。

…………

教在新旧知识联结处

——"除数是整数的小数除法"教学实践与思考

◎**课前思考**

　　除数是整数的小数除法是在整数除法以及小数的意义和性质等知识的基础上学习的，它为接下来学习除数是小数的除法等知识打下了基础。本节课共安排了两个例题教学，一个是小数除以整数，另一个是整数除以整数，有余数，然后根据小数的意义和性质在余数的末尾添0继续除。除数是整数的小数除法与整数除法相比较，除的顺序、商的书写位置、试商的方法等都类似，只不过，除数是整数的小数除法多了商的小数点的处理。因此，教师要在教学中要强化新旧知识的联结，促进知识的迁移，提高学生的学习能力。

◎**教学目标**

　　1.掌握除数是整数的小数除法的计算方法，理解除数是整数的小数除法的算理，能正确地进行计算。

　　2.经历除数是整数的小数除法的计算方法与算理的探索过程，渗透转化的数学思想方法，培养简单的推理能力，发展数感，提高运算能力。

　　3.运用所学知识解决简单的实际问题，发展数学应用意识。

◎**教学重点**

　　掌握除数是整数的小数除法。

◎**教学难点**

　　理解除数是整数的小数除法的算理。

◎**教学过程**

　　一、复习引入，初步探索

　　1.列竖式计算：$24 \div 4$、$21 \div 5$。

　　学生计算得到：

$$24 \div 4 = 6 \qquad 21 \div 5 = 4 \cdots\cdots 1$$

$$
\begin{array}{r}
6 \\
4{\overline{\smash{\big)}\,24}} \\
\underline{24} \\
0
\end{array}
\qquad
\begin{array}{r}
4 \\
5{\overline{\smash{\big)}\,21}} \\
\underline{20} \\
\boxed{1} \; ?
\end{array}
$$

师：21 除以 5 得到商 4 余 1，这是我们在三年级时就已经学会的，而且我们还学习了小数的意义和性质，你能否想一想办法，继续除呢？

学生研究后汇报。

生1：把余数 1 看作 1 元，也就是 10 角，平均分成 5 份，每份就是 2 角，也就是 0.2 元。

生2：也可以把余数 1 看作 1 m，也就是 10 dm，平均截成 5 段，每段长 2 dm，也就是 0.2 m。

生3：把余数 1 看成 10 个 0.1，平均分成 5 份，每份 2 个 0.1，也就是 0.2。

教师呈现计数器，学生结合计数器说一说 21 是怎样平均分成 5 份的。

师：十位上的 2 颗珠子够不够平均分成 5 份？

生：不够。

师：那要想办法让珠子数量变多，该怎么办？

生1：十位上的 2 颗珠子移到个位上，变成 20 颗珠子，也就是把 2 个十变成 20 个一。

生2：21 个一平均分成 5 份，每份分得 4 个一，还余 1 个一。

师：那余下的 1 个一还能不能继续在个位上平均分成 5 份呢？该怎么办？

生：把 1 个一转化成 10 个十分之一，再把 10 个十分之一平均分。

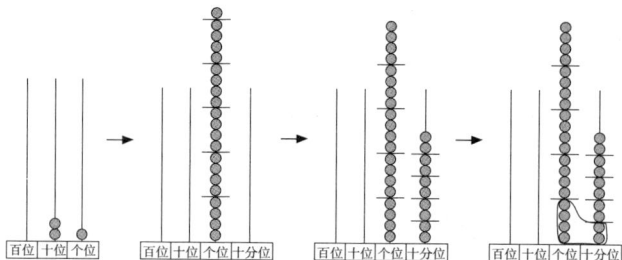

师：是呀，10 表示 10 个十分之一，2 表示 2 个十分之一，因此，在商 4 与 2 之间还要点上小数点。

```
        4.[2] ┈┈→ 2个十分之一
    5)21.0
      20
       1.0 ┈┈→ 10个十分之一
       1.0
        0
```

2. 比较：有什么相同与不同的地方？

```
      6              4.[2]
   4)24          5)21.0
     24            20
      0             1.0
                    1.0
                     0
```

师：你们看这两道竖式，有什么发现？

生 1：第一道没有余数，第二道有余数。

生 2：第二道添上 0 可以继续除。

生 3：我们可利用小数的意义和性质在余数的末尾添上 0，还可以继续除。

师：在以前的学习中，我们知道整数除法有些恰好分完，没有余数，有些分不完，有余数。但数学在发展，你们在进步，经过三年级认识小数，四年级学习小数的意义和性质，我们知道可以把余数的计数单位变小，让它的数量变多，然后继续除下去！

◇思◇考◇

以前，学生未掌握小数的意义和性质等知识，还不能很好地处理余数问题。但是当学生学习小数除法时，已经具备了处理余数的能力。因此，小数除法的第 1 课时先解决有余数除法的余数问题，更符合学生的认知特点。

二、继续探究，掌握新知

1. 王鹏坚持晨练，计划 4 周跑步 22.4 km，他平均每周应跑多少千米？

①学生读题，理解题意。

②列式并说明理由。王鹏跑的总千米数除以周数，等于每周应跑的

千米数：22.4÷4。

③学生尝试计算，呈现算法。

先呈现第一种方法：22.4 km = 22 400 m；22 400÷4 = 5600（m）；5600 m = 5.6 km。

再呈现两种不同的计算，学生给予评价。

$$
\begin{array}{r}
5.6 \\
4\overline{)22.4} \\
20 \\
\hline
2.4 \\
2.4 \\
\hline
0
\end{array}
\qquad
\begin{array}{r}
5.6 \\
4\overline{)22.4} \\
20 \\
\hline
2\ 4 \\
2\ 4 \\
\hline
0
\end{array}
$$

生1：计算的得数都是正确的。

生2：第一个竖式中的小数点可以去掉，因为个位上的余数2与十分位上的4，合起来就表示24个十分之一。

将这道除法算式放到数位顺序表中，让学生仔细观察。

师：你发现了什么？

生1：24个十分之一除以4等于6个十分之一。

生2：计算过程中小数点不用点，但是商的小数点必须点上。

◇思◇考◇

运用小数的意义和性质等知识可以帮助学生理解算理，但略显抽象，因此，把算式放在数位顺序表中，能让学生更直观、更清楚地理解算理，为学生理解除数是整数的小数除法奠定基础。

2. 自主练习：9.6÷4、28÷16。

◇思◇考◇

这两道算式为模仿练习，让学生进一步理解掌握除数是整数的小数除法，尤其是第2道算式，余数12末尾添0除了以后，还有余数8，则再添0，继续除。教师可引导学生解释计算过程，即运用小数的性质来计算。

3. 比较与小结。

师：除数是整数的小数除法的计算方法是什么？

生1：除数是整数的小数除法，按整数法则去除，商的小数点要和被除数对齐。

师：在计算过程中，有哪些要注意的地方？

生1：要按整数的除法进行计算。

生2：当有余数时，添0继续除。

师：是呀，我们用了转化数学思想方法，将小数除法转化成整数除法计算。

◇思◇考◇

把教材上的例1与例2调换顺序进行教学，找准学生认识的停靠点，更有利于学生调用已有的知识与经验解决余数问题，不知不觉地进入小数除法的学习。转化思想是解决许多数学问题的有效策略，让学生经历转化的过程，有助于学生从本质上打通新旧知识的联结处，真正促进学生核心素养的发展。

三、巩固练习

1. 算一算，比一比。

$42 \div 3$　　$84 \div 4$　　$91 \div 14$　　$4.2 \div 3$　　$8.4 \div 4$　　$9.1 \div 14$

2. 下列计算正确吗？为什么？

$$
\begin{array}{r}
  1\,6 \\
15\overline{)2\,4} \\
  1\,5 \\
  \hline
  9\,0 \\
  9\,0 \\
  \hline
  0
\end{array}
\qquad
\begin{array}{r}
  7.2 \\
4\overline{)2\,9.0} \\
  2\,8 \\
  \hline
  1\,0 \\
  \ \ 8 \\
  \hline
  2
\end{array}
$$

◇思◇考◇

第1道竖式忘记了商的小数点；第2道竖式添0除后余数不为0，还可以添0继续除，这是刚开始学习小数除法时学生最容易出错的地方。在教学中，教师要善于利用学生的"错误"，在对学生的"错误"的分析与交流中达成知识的学习。

3. 解决问题。

五（1）班有班费24.2元，同学们卖废品又得到16.4元。用这些钱正好可以给小书架买7本《少年科技》，也可以正好买14根跳绳。

①一本《少年科技》多少钱？一根跳绳多少钱？

②你还能提出其他数学问题并解答吗？

四、全课总结

师：这节课你有什么收获？

生1：学会了除数是整数的小数除法。

生2：有余数的除法与以前学过的整数除法差不多。

生3：遇到有余数的时候，可以添0继续除。

……………

师：今天学习的除数是整数的小数除法，被除数都比除数大。如果被除数比除数小，如果除数是小数，或者在余数的末尾添上0，一直都除不尽，那又该怎么办呢？今后我们还要继续研究，有兴趣的同学可以自己先去探究。

在沟通比较中理解算理
————"同分母分数加减法"教学实践与思考

◎**课前思考**

同分母分数加减法是在分数的意义等知识的基础上进行教学的，为接下来学习异分母分数加减法、分数加减混合运算等知识打下基础。学生在此之前，已经会简单的同分母分数加减法，且会通过图示来理解算理，但是还没有概括出同分母分数加减法的计算方法，也不会运用分数单位个数相加减等知识理解算理。人教版教材一共安排了 2 个例题进行教学。基于 2022 年版课程标准关于计算教学的要求以及高年级学生年龄特征，我在教学时简化了教材上的情境（合二为一），重点突出了算理教学。

◎**教学目标**

1. 理解掌握同分母分数加减法的算理和算法，并能正确地进行计算。

2. 建立整数、小数、分数加减法之间的内在联系，培养归纳、概括等学习能力。

3. 体验解决问题策略的多样性，渗透转化数学思想方法。

◎**教学重点**

掌握同分母分数加减法的计算方法，并能正确计算。

◎**教学难点**

理解同分母分数加减法的算理。

◎**教学过程**

一、谈话沟通，复习铺垫

师：同学们，近段时间我们都在学习分数，今天这节课我们继续研究。（出示分数 $\frac{5}{8}$）

师：看到这个分数，你想到了什么？

生 1：$\frac{5}{8}$表示把单位"1"平均分成 8 份，表示其中的 5 份。

生 2：$\frac{5}{8}$读作八分之五，它的分母是 8，分子是 5。

生 3：写$\frac{5}{8}$，先写分数线，再写分母 8，最后写分子 5。

生 4：$\frac{5}{8}$的分数单位是$\frac{1}{8}$，$\frac{5}{8}$里有 5 个$\frac{1}{8}$。

◇思考◇

通过呈现$\frac{5}{8}$，回顾复习分数的意义，特别是分数单位及其个数等知识，为学生理解算理做好铺垫与准备，找到本节课学生学习的认知停靠点。有效的复习是学生学习的生长点，为同分母分数加减法的学习奠定基础。

二、理解意义，探求算法

（一）同分母分数加减法

1.看图提问。（对教材情境图进行了适当改编）

师：根据图片上的信息，你能提出什么问题？

生 1：爸爸与妈妈一共吃了这张饼的几分之几？

生 2：爸爸比妈妈多吃了这张饼的几分之几？

生 3：这张饼还剩下几分之几？

…………

师：很好！我们可以从不同的角度提出不同的问题，接下来我们选择其中 2 个问题进行研究。

2. 同分母分数加法。

师：求爸爸与妈妈一共吃了这张饼的几分之几，怎么列式？为什么？

生 1：求爸爸与妈妈一共吃了这张饼的几分之几，可以用加法计算，算式为 $\frac{5}{8} + \frac{1}{8}$。

生 2：求一共吃了多少，就是要把爸爸吃的与妈妈吃的合并在一起，所以用加法计算。

教师小结：分数加法和整数加法的意义一样，都是把两个数合并成一个数的运算。

师：$\frac{5}{8} + \frac{1}{8}$ 等于多少？

生 1：$\frac{5}{8} + \frac{1}{8} = \frac{6}{8}$。

生 2：$\frac{5}{8} + \frac{1}{8} = \frac{6}{16}$。

师：你能用哪些方法证明你的答案是正确的？你可以选择用老师发给你们的长方形、正方形或圆形纸片来研究，也可以自己画图研究，当然，如果你能自信地说清楚理由，则更好。

学生独立研究，反馈交流。

师：哪些同学用了老师发的材料？请先汇报。

生 1：我将圆形纸片对折了 3 次，平均分成了 8 份，爸爸吃了 5 份，妈妈吃了 1 份，一共吃了 6 份，所以得到了 $\frac{6}{8}$。

生 2：我将正方形纸片对折了 3 次，平均分成了 8 份，爸爸吃了 5 份，妈妈吃了 1 份，一共吃了 6 份，所以得到了 $\frac{6}{8}$。

生 3：我将长方形纸片对折了 3 次，平均分成了 8 份，爸爸吃了 5 份，妈妈吃了 1 份，一共吃了 6 份，所以得到了 $\frac{6}{8}$。

师：同学们太棒了！这些材料在折一折中验证了 $\frac{5}{8} + \frac{1}{8} = \frac{6}{8}$，而不是 $\frac{5}{8} + \frac{1}{8} = \frac{6}{16}$。那么，其他同学是怎样研究的呢？

生4：我画了一个圆，将它平均分成了8份，爸爸吃了5份，妈妈吃了1份，一共吃了6份，所以得到了$\frac{6}{8}$。

生5：我画了一个正方形，将它平均分成了8份，爸爸吃了5份，妈妈吃了1份，一共吃了6份，所以得到了$\frac{6}{8}$。

生6：我画了一个长方形，将它平均分成了8份，爸爸吃了5份，妈妈吃了1份，一共吃了6份，所以得到了$\frac{6}{8}$。

生7：我发现了，其实画图的方法与折纸的方法是一样的。

生8：我画的是线段图。

师：请你把你的线段图画到黑板上让大家看一看。（掌声鼓励）

学生板演，其他学生观看。

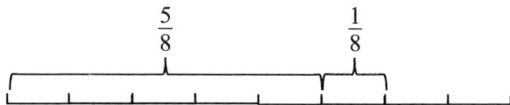

师：有没有人既不用折纸，也不用画图？

生9：我是举例说明的，比如，我们将一张大饼平均分成了8份，爸爸与妈妈一共吃了6份，8份中的6份，就是$\frac{6}{8}$。（掌声鼓励）

生10：我是将分数化成小数进行计算的，$\frac{5}{8}+\frac{1}{8}=0.625+0.125=0.75=\frac{6}{8}$。

生11：我是用分数单位的知识去解释的，$\frac{5}{8}+\frac{1}{8}$就是5个$\frac{1}{8}$+1个$\frac{1}{8}$= 6个$\frac{1}{8}=\frac{6}{8}$。

师：太棒了！那么，在这几种方法当中哪种方法最简便？为什么？

生1：用分数单位知识解释最简便，既不用折纸、画图，也不用化成小数进行计算。

生2：我也觉得用分数单位知识解释最简便，只要把分数单位的个数相加就可以了。

学生发言之后，教师板演计算过程，并对得数进行约分。

◇思◇考

数学教学是由浅入深，由易到难，由具体到抽象，循序渐进的过程。

折纸、画图是具体的，其中画线段图是半具体、半抽象的，用分数单位的个数去解释算理是抽象概括的，是学科的本质，是理解算理的基础。这个过程往往需要学生动手实践，从而突破教学难点。因此，我为了让学生真正理解这个过程，通过不同的方法进行了验证，从而使学生体验到解题策略的多样性，培养他们的优化意识。

3. 同分母分数减法。

师：爸爸比妈妈多吃了这张饼的几分之几？

生：$\frac{5}{8}-\frac{1}{8}$。

师：$\frac{5}{8}-\frac{1}{8}$ 等于多少呢？

生：$\frac{5}{8}-\frac{1}{8}=\frac{4}{8}$。

师：你能用一句话说明其中的算理吗？

生：$\frac{5}{8}-\frac{1}{8}$ 就是 5 个 $\frac{1}{8}$ −1 个 $\frac{1}{8}$ = 4 个 $\frac{1}{8}$，也就是 $\frac{4}{8}$，约分等于 $\frac{1}{2}$。

教师小结：分数减法和整数减法的意义一样，都是已知两个数的和与其中一个加数求另一个加数的运算。

4. 练习一。

$$\frac{1}{7}+\frac{2}{7}= \qquad \frac{6}{7}-\frac{2}{7}= \qquad \frac{3}{7}+\frac{1}{7}=$$

$$\frac{3}{7}+\frac{2}{7}= \qquad \frac{5}{7}+\frac{1}{7}= \qquad \frac{5}{7}-\frac{2}{7}=$$

师：这几道算式有什么相同的地方？

生 1：所有的分数，它们的分母都是相同的。

生 2：分母相同也就是分数单位相同。

师：为什么得数不同？

生：因为两个同分母分数相加减之后，得到的分数单位的个数是不同的。

教师小结并板书：同分母分数加减法，分母不变，分子相加减。

5. 练习二。

$$\frac{1}{4}+\frac{1}{4} \qquad \frac{3}{8}+\frac{3}{8} \qquad \frac{2}{9}+\frac{2}{9} \qquad \frac{5}{16}+\frac{5}{16}$$

师：这几道算式又有什么特点呢？

生：加数的分子、分母都相同。

师：可不可以分子不变，分母相加呢？

生1：不行，比如$\frac{1}{4}+\frac{1}{4}$，如果分子不变，分母相加，得数就是$\frac{1}{8}$，显然不正确。

生2：如果分子不变，分母相加，和比其中的一个加数还要小。

生3：还是要按照"分母不变，分子相加减"的方法进行计算。

◇思◇考◇

引导学生进一步明确"同分母分数加减法是分数单位个数的相加减"，只能把分子相加减，分母不变，这样学生才能意识到同分母分数加减法的运算也只是计数单位个数的相加减，为其初步理解数运算的一致性奠定基础。

（二）沟通联系，知识同化

1. $\frac{5}{\square}+\frac{1}{\square}=\frac{6}{\square}$，方框里可以填数字几？

生1：□里可以填6、7、8、9……

生2：□里还可以填5、4、3、2、1这些数，加数可以是假分数。（掌声鼓励）

生3：□里可以填a，a不能等于0。

2. 等式。

$$500+100=600 \qquad 0.5+0.1=0.6 \qquad 5角+1角=6角$$

师：这些是我们以前学过的计算，好像与今天学习的内容没什么联系，谁能找出共同的地方？

生1：它们都是计算5+1＝6。

生2：都是计算5个计数单位+1个计数单位＝6个计数单位。

生3：两个加数的计数单位是相同的，只需要把计数单位的个数相加。

教师小结：单位相同，计算后的单位保持不变。

◇思◇考◇

建立整数、小数、分数加减法之间的内在联系，培养学生归纳概括等能力，并把新知纳入学生原来的认知结构中进行同化。这样，学生对数运算一致性的理解就深刻了。

三、练习比较，深化理解

1. 口算。（略）

2. 笔算。

$$\frac{7}{11} - \frac{3}{11} = \qquad \frac{6}{7} + \frac{3}{7} = \qquad \frac{3}{20} + \frac{7}{20} =$$

学生板演，核对，说明计算结果要化成最简分数。

3. 笔算。

$$3.3 \div 17 - 1 \div 17$$

◇思◇考◇

特别是最后一题的练习设计，它打破了学生的思维定式，有的学生列竖式计算，由于商不是有限小数，他们得不到正确答案；有的学生利用分数与除法的关系，将它转化成一道同分母分数减法算式，快速且正确地进行计算，培养学生综合运用知识与转化等能力。

四、整理总结，提前铺垫

师：这节课，你有什么收获？

生 1：我学会了同分母分数加减法，要把计数单位个数相加减。

生 2：不能把分母相加减，只能把分子相加减。

……………

师：以 $\frac{5}{\square} + \frac{1}{\square}$ 为例，如果第一个加数的分母填 a（$a \neq 0$），第二个加数的分母填 b（$b \neq 0$，且 $b \neq a$），又该怎么计算呢？下节课我们再研究，有兴趣的同学请课后继续研究。

課例 **8** **直击核心，贯穿运算一致性**

——"分数乘分数"教学实践与思考

◎**课前思考**

六年级"分数乘法"是人教版小学数学乘法学习的最后一块内容。对于整数乘分数，学生可以借助"求几个相同分数相加之和""求一个数的几分之几是多少"来理解分数乘法的意义。但分数乘分数无论是从形式还是意义上讲，对学生而言都是新知，理解起来尚有一定的难度。教材通过数形结合借助两次平均分理解"几分之几的几分之几占整个图形的几分之几"来帮助学生感悟分数乘分数的意义，在这个过程中对第二个"几分之几"的理解才是学生的学习难点。为了帮助学生突破这一学习难点，本节课通过两次折长方形的活动，让学生在操作中感悟分数乘分数的意义。为了促进学生高阶思维的发展，我还设置了让学生对比辨析的环节，以此串联起分数乘法、整数乘法、小数乘法，让学生体会到分数乘法、整数乘法、小数乘法运算的一致性，从更高层面理解分数乘法的意义。

◎**教学目标**

1. 通过操作活动，理解分数乘分数的算理，掌握分数乘分数的计算方法，能正确计算分数乘分数。

2. 经历探索分数乘分数的计算过程，通过观察、猜测、操作、验证、交流、抽象概括等丰富的数学活动，运用数形结合、归纳推理的思想总结计算法则。

3. 体会数学知识间的内在联系，感悟整数乘法、小数乘法和分数乘法运算的一致性，增强自主探索与合作交流的意识，感受数学学习的乐趣。

◎**教学重点**

掌握分数乘分数的计算方法并能正确进行计算。

◎**教学难点**

理解分数乘分数的运算算理，体会整数乘法、小数乘法和分数乘法运算的一致性。

◎**教学过程**

一、复习引入，激发思考

师：老师今天只带了两样东西，一瓶矿泉水和一张纸。

1. 复习旧知。

一瓶矿泉水 550 mL，喝 3 瓶，一共是多少毫升？

生：$550 \times 3 = 1650$ mL。

师：喝 $\frac{3}{5}$ 瓶是多少毫升？

生：$550 \times \frac{3}{5} = 330$ mL。

2. 引发思考。

师：这张纸可以代表什么？

生 1：一个蛋糕。

生 2：一块月饼。

…………

师：如果把这张纸看成一面墙，工人 1 小时只能粉刷一面墙的 $\frac{1}{4}$，你能折一折、画一画表示出 $\frac{1}{4}$ 吗？

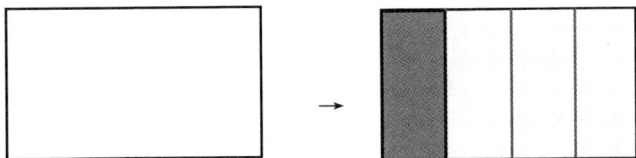

师：这是工人 1 小时干的活，根据"1 小时"这一信息，你会想到什么？

生 1：我想到了 4 小时，工人 4 小时就干完活了。

生2：我想到了3小时，3小时可以粉刷这面墙的$\frac{3}{4}$，等式：$\frac{1}{4} \times 3 = \frac{3}{4}$。

师：$\frac{1}{4}$小时粉刷多少，你会算吗？

生：$\frac{1}{4} \times \frac{1}{4}$，因为工作效率乘工作时间等于工作总量。

师：结果是多少？

生：结果是$\frac{1}{16}$。

师：谁认为是$\frac{1}{16}$，谁认为不是$\frac{1}{16}$？

生：把一面墙看成单位"1"，先平均分成4份，取其中1份；再把其中1份平均分成4份，取其中1份。

◇思◇考◇

教材中的例题是$\frac{1}{2} \times \frac{1}{5}$，前一个分数学生容易通过操作得到，但是后一个分数比较难通过操作得到，因此将例题稍做改变，换成学生熟悉的$\frac{1}{4}$。第一个$\frac{1}{4}$，学生能够快速折出，并理解其意义，重点在于对第二个$\frac{1}{4}$的理解。通过让学生结合情境去列式，自然而然引发学生提出"$\frac{1}{4}$的$\frac{1}{4}$怎么计算"这一问题。$\frac{1}{4}$的$\frac{1}{4}$为什么这么算？能直击学生思维深处，为后面深入理解算法背后的算理做好铺垫。

二、活动探究，明晰算理

1. 活动操作探算理。

学生独立思考：为什么$\frac{1}{4} \times \frac{1}{4} = \frac{1}{16}$？

折一折、涂一涂，说明其中的道理。

2. 数形结合说算理。

学生作品展示：

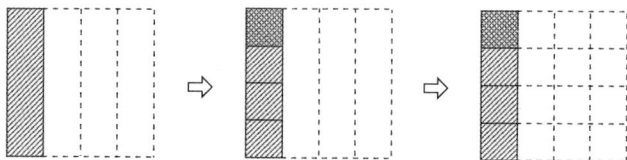

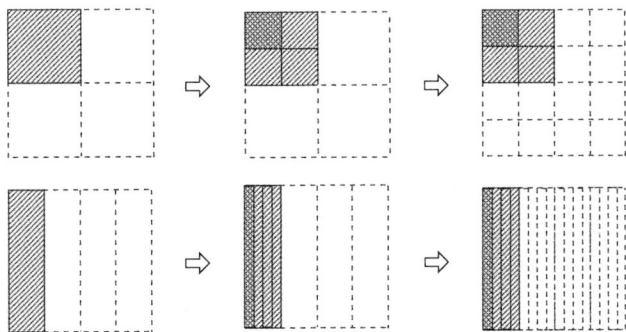

师：这三名同学的研究成果有什么共同的特点？

生1：把$\frac{1}{4}$平均分成4份，取其中的1份，也就是$\frac{1}{4}$的$\frac{1}{4}$。

生2：刚才涂的$\frac{1}{4}$是斜线纹的，现在涂的$\frac{1}{4}$是细格子式的，这个涂满细格子的部分就是原来整个正方形的$\frac{1}{16}$。

生3：$\frac{1}{4} \times \frac{1}{4} = \frac{1 \times 1}{4 \times 4} = \frac{1}{16}$。

师：为什么$\frac{1}{4}$的$\frac{1}{4}$是$\frac{1}{16}$？

生：把第一次平均分的4份中的其中1份再平均分成4份，分4次就是4×4，一共是16份。

师：也就是说，分数乘分数表示的是两次平均分，两次平均分后什么发生了变化？

生：分数单位发生了变化，第一次平均分的分数单位是$\frac{1}{4}$，第二次平均分之后分数单位就变成了$\frac{1}{16}$。

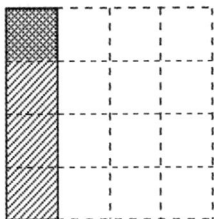

$$\frac{1}{4} \times \frac{1}{4} = \frac{1 \times 1}{\boxed{4 \times 4}} = \frac{1}{16}$$

产生新的分数单位

3.拓展延伸明算理。

计算下面的算式，并画图表示其中的算理。

$$\frac{1}{4} \times \frac{3}{4} \qquad \frac{3}{4} \times \frac{3}{4}$$

画图辨析。

生1：$\frac{1}{4} \times \frac{3}{4}$和$\frac{1}{4} \times \frac{1}{4}$方法是一样的，先画出$\frac{1}{4}$，再把这个$\frac{1}{4}$平均分成4份，取其中的3份，也就是3个$\frac{1}{16}$。

新的分数单位个数

$$\frac{1}{4} \times \frac{3}{4} = \frac{\boxed{1 \times 3}}{4 \times 4} = \frac{3}{16}$$

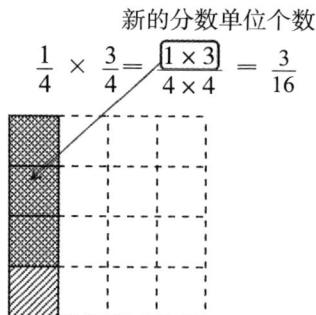

生2：先画出$\frac{3}{4}$，再画出$\frac{3}{4}$的$\frac{3}{4}$，也就是9个$\frac{1}{16}$。

新的分数单位个数

$$\frac{3}{4} \times \frac{3}{4} = \frac{\boxed{3 \times 3}}{4 \times 4} = \frac{9}{16}$$

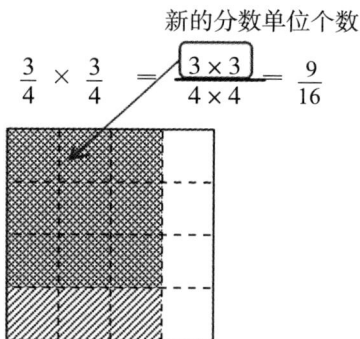

师：和刚才的$\frac{1}{4} \times \frac{1}{4}$有什么相同点和不同点？

生1：这两题都有$\frac{1}{4} \times \frac{1}{4}$，产生的新的计数单位都是$\frac{1}{16}$，只是最后取的份数不同。

生2：分子乘分子就能求出最后取的份数。

师：我们也可以从分数单位的角度进行推理，1个$\frac{1}{4}$乘3个$\frac{1}{4}$，可以把计数单位的个数相乘 $1 \times 3 = 3$，把计数单位也相乘 $\frac{1}{4} \times \frac{1}{4} = \frac{1}{16}$，3 个 $\frac{1}{16}$ 就是 $\frac{3}{16}$。3 个 $\frac{1}{4}$ 乘 3 个 $\frac{1}{4}$ 也是一样。

$$\frac{1}{4} \times \frac{3}{4}$$

$$= \left(1 \times \frac{1}{4}\right) \times \left(3 \times \frac{1}{4}\right)$$

$$= \boxed{(1 \times 3)} \times \boxed{\left(\frac{1}{4} \times \frac{1}{4}\right)}$$

个数相乘 　　计数单位相乘

$$= 3 \times \frac{1}{16}$$

$$= \frac{3}{16}$$

$$\frac{3}{4} \times \frac{3}{4}$$

$$= \left(3 \times \frac{1}{4}\right) \times \left(3 \times \frac{1}{4}\right)$$

$$= \boxed{(3 \times 3)} \times \boxed{\left(\frac{1}{4} \times \frac{1}{4}\right)}$$

个数相乘 　　计数单位相乘

$$= 9 \times \frac{1}{16}$$

$$= \frac{9}{16}$$

◇思◇考◇

分数乘分数实际上是求两次平均分的结果。第一次平均分是学生已有的认知水平，因此在课堂中无须花费太多时间探究；第二次平均分才是本节课的教学难点，因此要把探究时间花在讨论第二次平均分之上，花在分数单位发生了什么变化、为什么会有这样的变化这些核心问题上，让学生在变化中感悟分数乘分数的算理。通过两次平均分，学生逐渐明晰分母乘分母就能得到新的计数单位，而分子乘分子就能得到新的计数单位个数，感悟分数乘分数的本质是计数单位乘计数单位个数，初步体会数的运算的一致性。

三、归纳方法，串联算理

1.总结方法。

师：分数乘分数怎么算？

生 1：可以把分子乘分子，分母乘分母。

生 2：分数乘分数就是分两次，把分母相乘就可以得到一共平均分成了几份，分子乘分子就表示取其中的几份。

教师小结：从分数单位的角度来讲，分母相乘的积会产生新的计数单位，分子相乘的积就会产生新的分数单位个数。

师：$550 \times \frac{3}{5}$ 与 $\frac{1}{4} \times 3$ 有什么相同的地方？

生：把 550 看成 $\frac{550}{1}$，把 3 看成 $\frac{3}{1}$，$550 \times \frac{3}{5} = \frac{550}{1} \times \frac{3}{5}$，$\frac{1}{4} \times 3 = \frac{1}{4} \times \frac{3}{1}$。分数乘整数、整数乘分数与分数乘分数的计算方法是相同的。

2. 串联算理。

师：在以前的计算学习中，你们有遇见过这样的方法吗？

生 1：比如 20×30 就是 $10 \times 10 = 100$，$2 \times 3 = 6$，6 个百就是 600。

生 2：0.2×0.3 就是 $0.1 \times 0.1 = 0.01$，$2 \times 3 = 6$，6 个 0.01 就是 0.06。

教师小结：无论是整数乘法、小数乘法还是分数乘法，它们的计算方法都是一样的，本质上都是把两个因数的计数单位相乘，得到新的计数单位；两个因数的计数单位个数相乘，得到新的计数单位个数；最后求出它们的积是多少。

3. 文化拓展。

师：本节课同学们通过自己的探究，知道了分数乘分数的方法，其实早在一千多年前，中国古代数学瑰宝《九章算术》中就出现了"乘分术"，乘分术曰："母相乘为法，子相乘为实，实如法而一。"意思是分母相乘的积作分母，分子相乘的积作分子。

思考

无论是整数乘法、小数乘法还是分数乘法，其本质都是一样的，都是计数单位乘计数单位，个数乘个数。本节课不能止于分数乘分数算法的得出，还要串联起之前学习的整数乘法和小数乘法，将小学阶段的乘法运算结构化，让学生关联数运算方法，促进其形成数运算一致性的理念，发展数学结构化思维，整体、深度理解数运算。

四、练习拓展，总结回顾

1. 基础练习：计算下面各题。

$$\frac{1}{4} \times \frac{1}{5} \qquad \frac{1}{4} \times \frac{3}{5} \qquad \frac{7}{8} \times \frac{2}{5}$$

2. 拓展练习：思考下面各题。

① （　　）× （　　） = （　　） + （　　） = $\frac{1}{2}$

② $2022 \times (1 - \frac{1}{2}) \times (1 - \frac{1}{3}) \times \cdots \times (1 - \frac{1}{2022})$ = （　　）

当学生一看到这道计算题时，就产生了畏难情绪，大家都认为不会做，确实如此，该题有点难。那么如何化难为易呢？当然要分步计算！

师：你们会算第一步吗？也就是小括号里的减法会算吗？

生：会。

$$2022 \times (1 - \frac{1}{2}) \times (1 - \frac{1}{3}) \times \cdots \times (1 - \frac{1}{2022})$$
$$= 2022 \times \frac{1}{2} \times \frac{2}{3} \times \frac{3}{4} \times \cdots \times \frac{2020}{2021} \times \frac{2021}{2022}$$

学生完成第一步计算后，发现可以一次性进行约分，得到答案为1。

师：如果将括号里的减号改成加号，那么答案会等于多少呢？

生1：100。

生2：200。

生3：1000。

…………

师：到底等于多少呢？请同学们在课外继续探究。

◇思◇考◇

第2题是拓展题，其中第①小题在思考两个因数的基础上进一步巩固了"分母乘分母、分子乘分子"的一般方法，并区别分数乘法和分数加法的算法。第②小题是对约分的深化巩固，让学生体会到约分能让计算更加简便，有助于深度发展其数感、运算能力及推理能力；练习后再将括号中的减法改成加法，让学生举一反三、触类旁通。

五、总结回顾，课外研究

1. 学习了这节课后，你有什么收获？

2. 课外研究：$(\qquad) \times (1 + \frac{1}{2}) \times (1 + \frac{1}{3}) \times \cdots \times (1 + \frac{1}{2022}) = 1$。

课 例 ⑨ **在沟通比较中形成知识网络**
———"分数乘除法的复习"教学实践与思考

◎**课前思考**

　　分数乘法的学习，先学分数乘整数，再学整数乘分数，最后学分数乘分数并概括分数乘分数的计算方法。这三部分内容由浅入深、由易到难，循序渐进，学生拾级而上，在理解算理的基础上，掌握分数乘法的计算方法。然而学生误以为第三部分的"分数乘分数"才是真正要学习的内容，没有与第一、二部分的知识建立联系。因此，复习让学生将看似孤立的三部分内容紧紧联系在一起。同理，分数除法的学习先从分数除以整数开始，然后学习分数除以分数。在复习中也要将两部分内容进行比较，寻找其内在联系。但是，这节复习课的重点在于理解分数乘法与分数除法之间的内在联系，及它们与整数乘除法、小数乘除法之间的内在关系，让学生体验分数乘除法、整数乘除法、小数乘除法运算的一致性，将新学知识与已有知识建立联系，使学生更整体、更全面地形成分数除法的知识网络。

◎**教学目标**

　　1.进一步理解分数乘除法的算理，掌握计算方法，并能进行正确的计算。

　　2.经历分数乘除法的计算、沟通、比较等过程，理解乘法、除法运算的一致性。

　　3.合理选择方法进行计算，提高运算能力，使思维更加灵敏。

◎**教学重点**

　　进一步理解分数乘除法的算理，掌握算法，并能正确计算。

◎**教学难点**

　　理解分数乘除法之间的内在联系，体验运算的一致性。

◎教学过程

一、复习分数乘法，沟通联系

独立计算下面各题，可以用画图的方式说明理由。

$$\frac{4}{5} \times 2 = \qquad \frac{4}{5} \times \frac{2}{3} =$$

学生交流研究，寻找分数乘法的共性。

学生作品展示：

$$\frac{4}{5} \times 2 = \frac{4 \times 2}{5} = \frac{8}{5} \qquad \frac{4}{5} \times \frac{2}{3} = \frac{4 \times 2}{5 \times 3} = \frac{8}{15}$$

师：可以看懂他们的计算方法吗？

生：分数乘整数是用分子乘整数，分母不变；分数乘分数是用分子乘分子作分子，分母乘分母作分母。

师：为什么分数乘整数，要用分子乘整数呢？

生：$\frac{4}{5}$ 里有 4 个 $\frac{1}{5}$，4 个 $\frac{1}{5}$ 乘 2 得 8 个 $\frac{1}{5}$，也就是 $\frac{8}{5}$。

师：下面这种做法可行吗？他是怎么算的？

$$\frac{4}{5} \times 2 = 0.8 \times 2 = 1.6$$

生 1：可以的，8 个 0.1 乘 2 得 16 个 0.1。

生 2：两种算法都是算有多少个分数单位。

师：计算 $\frac{4}{5} \times \frac{2}{3}$，为什么用分子相乘的积作分子，分母相乘的积作分母？

生：先把单位"1"平均分成 5 份，取其中的 4 份就是 $\frac{4}{5}$，再将 $\frac{4}{5}$ 平均分成 3 份，取其中的 2 份，这样就可以数出一共分成了 15 份，取了 8 份，所以是 $\frac{8}{15}$。

师：4×2 求的是什么？3×5 呢？

生：4×2 求的是一共取了几份，3×5 表示一共分成了 15 份。

师：分数乘整数是在求有多少个分数单位？分数乘分数在求什么？

生：也是求（4×2）个分数单位（$\frac{1}{5} \times \frac{1}{3}$）。

师：这样的计算我们以前做过吗？我们一起来回忆 40×20 和 0.4×0.2 的计算方法。

师生共同讨论得到：

$40 \times 20 = (4 \times 10) \times (2 \times 10) = (4 \times 2) \times (10 \times 10)$，就是 8 个百；

$0.4 \times 0.2 = (4 \times 0.1) \times (2 \times 0.1) = (4 \times 2) \times (0.1 \times 0.1)$，就是 8 个 0.01。

师：对比整数乘法、小数乘法、分数乘法，它们有什么相同的地方？

生：都在算有多少个计数单位，只不过整数乘法的计数单位在发生叠加变化。

◇ 思 ◇ 考

在分数乘整数中，将整数看成分母为 1 的分数，则分数乘整数就变成了分数乘分数。教材没有将分数乘整数与分数乘分数在运算一致性上进行沟通，只是单纯计算分数单位的个数，这样不利于学生真正理解分数乘法的意义。在教学中，我试图与整数乘法、小数乘法进行联系，从整体上建立知识网络，促进学生系统性思维的发展。

二、分数乘除法，串联算理

1. 寻找共性。

计算下面各题。

$$\frac{4}{5} \div 2 = \qquad \frac{4}{5} \div \frac{2}{3} =$$

师：分数除法的计算方法，有什么相同的地方？

生：分数除以整数时，用分子除以整数，分母不变，也可以用分数乘整数的倒数。分数除以分数，可以转化成分数乘分数的倒数，也可以转化成小数除法。

师：$\frac{4}{5} \div 2 = \frac{4 \div 2}{5}$ 和 $\frac{4}{5} \div 2 = 0.8 \div 2$，有什么相同的地方？

生：都在分计数单位的个数，计算平均分成 2 份后，每份里有几个计数单位。

师：分数除以整数或分数，为什么都可以乘它的倒数？

生1：$\frac{4}{5} \div 2$ 就是求 $\frac{4}{5}$ 的 $\frac{1}{2}$，所以除以2相当于乘 $\frac{1}{2}$。

生2：$\frac{4}{5} \div \frac{2}{3}$ 表示已知一个数的 $\frac{2}{3}$ 是 $\frac{4}{5}$，所以先求其中的一份（$\frac{4}{5} \div 2 = \frac{2}{5}$），再求这样的3份（$\frac{2}{5} \times 3 = \frac{6}{5}$），也就是 $\frac{4}{5} \div \frac{2}{3} = \frac{4}{5} \times \frac{3}{2} = \frac{6}{5}$。

师：还有其他方法吗？

生3：利用商不变的性质，将除数转化为1，也就是将被除数与除数同时乘 $\frac{3}{2}$，计算过程：$\frac{4}{5} \div \frac{2}{3} = \left(\frac{4}{5} \times \frac{3}{2} \right) \div \left(\frac{2}{3} \times \frac{3}{2} \right) = \frac{4}{5} \times \frac{3}{2} = \frac{6}{5}$。

生4：还有一种方法，被除数乘1，再用1除以 $\frac{2}{3}$，也就是1里面有 $\frac{3}{2}$ 个 $\frac{2}{3}$，计算过程：$\frac{4}{5} \div \frac{2}{3} = \frac{4}{5} \times 1 \div \frac{2}{3} = \frac{4}{5} \times \left(1 \div \frac{2}{3} \right) = \frac{4}{5} \times \frac{3}{2} = \frac{6}{5}$。

思 考

将分数除以整数算式中的整数看作分母是1的分数，则与分数除以分数相同，可化作分数乘法计算。分数除以整数与分数除以分数也需要在算理上进行沟通比较，寻找内在联系，即它们都是计算分数单位的个数。

2. 分数乘除法的比较。

师：比较 $\frac{4}{5} \times 2$ 与 $\frac{4}{5} \div 2$ 的计算方法，说一说有什么相同的地方。

生：都是直接用分子乘（或除以）整数，就是求有多少个计数单位。

师：$\frac{4}{5} \times \frac{2}{3}$ 与 $\frac{4}{5} \div \frac{2}{3}$ 的计算方法有相通的地方吗？分数乘法可以用分子乘分子作分子，分母乘分母作分母，那么除法是否也可以用分子除以分子作分子，分母除以分母作分母呢？

生：不可以。

师：为了方便大家观察，我们先给这组分数通分，$\frac{4}{5} \div \frac{2}{3} = \frac{12}{15} \div \frac{10}{15} = \left(12 \times \frac{1}{15} \right) \div \left(10 \times \frac{1}{15} \right) = \left(12 \div 10 \right) \times \left(\frac{1}{15} \div \frac{1}{15} \right) = \frac{6}{5}$。这种方法之前我们也用过，$40 \div 20 = \left(4 \times 10 \right) \div \left(2 \times 10 \right) = 4 \div 2 = 2$，$0.4 \div 0.2 = \left(4 \times 0.1 \right) \div \left(2 \times 0.1 \right) = 4 \div 2 = 2$，为什么可以这样做？

生1：40和20的计数单位相同，可以抵消。0.4和0.2的计数单位也相同，直接在十分位上算 4 里有几个 2，计数单位抵消。

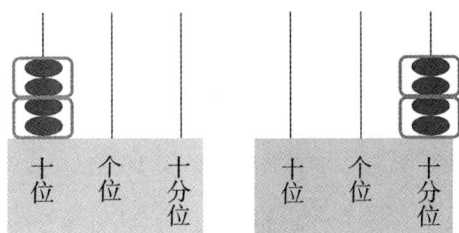

$$40 \div 20 \qquad 0.4 \div 0.2$$

生 2：计算分数乘法时，分数单位叠加；计算分数除法时，可以将分数单位抵消。

◇思◇考◇

将分数乘法与分数除法进行比较，寻找内在联系，使学生能从更深层面理解分数乘除法。异分母分数相除，先进行通分处理，分子相除的结果就是两个异分母分数的商。再与整数除法、小数除法进行比较，发现除法都是计数单位的个数相除；计数单位相除，如果计数单位相同，则抵消，即为 1。此环节教学目的在于培养学生思维的灵活性。

三、巩固练习，拓展提高

1. 下面关于 $\frac{4}{5}$ 的运算，哪些结果会比 $\frac{4}{5}$ 小？

$$\frac{4}{5} \times \frac{1}{2} \qquad \frac{4}{5} - \frac{1}{2} \qquad \frac{4}{5} \div \frac{1}{2} \qquad \frac{4}{5} + \frac{1}{2}$$

生：$\frac{4}{5} \times \frac{1}{2}$ 和 $\frac{4}{5} - \frac{1}{2}$ 的结果一定小于 $\frac{4}{5}$，其他两道题的结果比 $\frac{4}{5}$ 大。

师：$\frac{4}{5}$ 还可以进行哪些运算，结果会比 $\frac{4}{5}$ 小？

生：用 $\frac{4}{5}$ 乘一个小于 1 的数，结果都会比它小。

生：用 $\frac{4}{5}$ 减去一个数，结果都会比它小。

师：加法和除法不可以吗？

生：$\frac{4}{5}$ 除以一个大于 1 的数，也会变小。如果用加法运算，则要加一个负数才可以。

师：看来 $\frac{4}{5}$ 进行四则运算都有可能使结果小于 $\frac{4}{5}$。

2. 以下两道关于 $\frac{4}{5}$ 的运算，哪个结果大？

$$\frac{4}{5} \times \frac{b}{a} \bigcirc \frac{4}{5} \div \frac{b}{a}$$

生1：这个得看 $\frac{b}{a}$ 的大小，如果 $\frac{b}{a}=1$，那么 $\frac{4}{5} \times 1 = \frac{4}{5} \div 1$。

生2：如果 $\frac{b}{a} > 1$，那么 $\frac{4}{5} \times \frac{b}{a}$ 的结果大于 $\frac{4}{5}$，$\frac{4}{5} \div \frac{b}{a}$ 就相当于 $\frac{4}{5}$ 乘小于1的数，结果就会小于 $\frac{4}{5}$。反之如果 $\frac{b}{a} < 1$，那么 $\frac{4}{5} \times$（小于1的数）$< \frac{4}{5} \div$（小于1的数）。

3. 估算：$\frac{39}{89} \times \frac{14}{37}$ 的乘积（　　　）。

A. 大于 $\frac{1}{4}$ 　　　　B. 小于 $\frac{1}{4}$ 　　　　C. 大于 $\frac{1}{2}$ 　　　　D. 不计算无法比较

师：数据如此之大，怎么办？

生1：直接用分子乘分子、分母乘分母肯定不方便。（学生沉默）

生2：能不能找一个数估算一下，$\frac{39}{89}$ 的分子不足分母89的一半，所以它是一个接近 $\frac{1}{2}$ 的分数且小于 $\frac{1}{2}$。而且 $\frac{14}{37}$ 也不足 $\frac{1}{2}$，所以结果应该小于 $\frac{1}{4}$。

生3：两个分数都小于 $\frac{1}{2}$，所乘的积也就小于 $\frac{1}{4}$。

师：估算有时能帮助我们找到大致范围。下面的题目，你能不计算就判断谁的结果大吗？

4. 不精确计算，判断一下 $13 \times 7\frac{4}{5}$ 与 $91+\frac{4}{5}$ 的大小（　　　）。

A. 一样大　　　　　　　　B. $13 \times 7\frac{4}{5}$ 的积大

C. $91+\frac{4}{5}$ 的和大　　　　D. 不计算无法比较

生1：$13 \times 7\frac{4}{5}$ 大于 $91 + \frac{4}{5}$，因为 $13 \times 7\frac{4}{5} = 13 \times 7 + 13 \times \frac{4}{5}$。

生2：$13 \times 7\frac{4}{5}$ 与 $91 + \frac{4}{5}$ 相差 12 个 $\frac{4}{5}$。

5. 挑战题：

☆：① $\frac{2017}{2018} \times 2019$；② $4.25 \times 2019 + 5.75 \div \frac{1}{2019}$。

☆☆：在括号里填上不同的数：（　　　）× $\dfrac{5}{6}$ ＝ 7 × （　　　）＝ 0.8 × （　　　）＝（　　　）÷ $\dfrac{2019}{2020}$。

☆☆☆：2019 ×（1－$\dfrac{1}{2}$）×（1－$\dfrac{1}{3}$）×（1－$\dfrac{1}{4}$）× … ×（1－$\dfrac{1}{2018}$）×（1－$\dfrac{1}{2019}$）。

◇思◇考◇

在有关计算的复习课练习设计中，一般趋向于让学生在大量计算中进行巩固。但是这节课练习设计主要在于激发学生"思"，而非直接"算"。第1、2题让学生根据"有关 $\dfrac{4}{5}$ 的运算"判断结果，并与 $\dfrac{4}{5}$ 进行比较。第3题旨在让学生将两个因数以 $\dfrac{1}{2}$ 为基准数，进行相乘结果比 $\dfrac{1}{4}$ 小。第4题让学生将带分数进行拆分，再利用乘法分配律进行计算，最后判断结果大小。第5题属于挑战题，通过解题策略的多样性，有助于培养学生思维的灵活性与独创性。

四、全课总结，分享收获

师：这节课你有什么学习感受？

生：我们以前是一块内容一块内容地学习，今天发现它们都是相通的。

师：这就是知识的积累过程，原来我们是一本一本地去读，读着读着我们发现它们是同一个知识，这样就打通了各部分知识之间的关系，书就从"厚"到"薄"了。

课例 10　构建知识联系，渗透模型意识
——"百分数（一）复习课"教学实践与思考

◎**课前思考**

"百分数（一）"单元的内容与分数、小数、整数等知识有着密不可分的联系。学生在学习过程中会遇到困难，尽管教师在课堂上不断地强调百分数解决问题与分数除法、分数乘法的方法是一样的，但在缺少例题对比以及整理的情况下，学生无法真正关联它们。

基于以上思考，我将本节课定位为模型意识的建立与渗透，选择了"百分数（一）"单元中"求一个数比另一个数多（少）百分之几"一课进行深度复习，通过提出问题、列式计算、对比观察、发现总结等过程，建立低年级到高年级的一些数学知识之间的内在联系，构建数学模型。

◎**教学目标**

1. 进一步理解"求一个数比另一个数多（少）百分之几"的结构特征、数量关系，并能正确地进行解答。

2. 经历列式解答、分析比较等研究过程，构建数学模型，渗透数形结合思想，提高解决问题能力。

3. 体验数学与生活之间的联系，建立新知与旧知之间的关系，渗透"事物是相互联系的"这一观点。

◎**教学重点**

进一步掌握"求一个数比另一个数多（少）百分之几"的解题方法。

◎**教学难点**

建立"求一个数比另一个数多（少）百分之几""求一个数是另一个数的几分之几"以及"一个数是另一个数的几倍"之间的内在联系。

◎ **教学过程**

一、回忆旧知，初步构建模型

1. 提问列式。

师：如果我们穿越到一年级刚入学时，看到这两个数据，你们会提出什么数学问题？

男生人数 |————— 10人 —————|

女生人数 |—— 5人 ——|

生1：男生比女生多几人？

生2：男生比女生多5人，列式：10-5 = 5（人）。

生3：男生与女生一共有多少人？

生4：男生与女生一共有15人，列式：10+5 = 15（人）。

师：倘若你们长大了一点，二、三年级的你会提出什么数学问题？

生1：男生人数是女生的几倍？

生2：男生人数是女生的2倍，列式：10÷5 = 2。

师：如果现在男生人数是8人，解决同样的问题，该怎样列式？6人呢？5人呢？

男生人数 |—— 8人 ——| 男生人数 |—— 6人 ——| 男生人数 |—— 5人 ——|

女生人数 |—— 5人 ——| 女生人数 |—— 5人 ——| 女生人数 |—— 5人 ——|

生1：男生人数是女生的1.6倍，列式：8÷5 = 1.6。

生2：男生人数是女生的1.2倍，列式：6÷5 = 1.2。

生3：男生人数是女生的1倍，列式：5÷5 = 1。

师：这些是几年级学习的内容？

生：倍数是小数的内容，是我们五年级上学期学习的。

师：你们又长大了，到了五年级下学期，你们会提出什么数学问题？

男生人数 ┃ 4人 ┃

女生人数 ┃ 5人 ┃

生1：男生人数是女生的几分之几？

生2：男生人数是女生的 $\frac{4}{5}$，列式：$4 \div 5 = 0.8 = \frac{4}{5}$。

师：到了六年级上学期，也就是现在，你们又会提出什么数学问题？

生1：男生人数是女生的百分之几？

生2：男生人数是女生的80%，列式：$4 \div 5 = 0.8 = 80\%$。

2. 对比分析。

师：请仔细观察，从二年级到六年级，你们提出的问题及列出的等式，有哪些相同点？

生1：它们都是求两个数之间的倍数关系。

生2：它们都是用除法。

生3：它们都是用男生人数除以女生人数。

师：有哪些不同点？

生：结果有整数、小数、分数，还有百分数。

3. 初步成模。

师：这一类数学问题我们可以用"A÷B＝C"的等式表示，C就是同学们所说的倍数，它可以是整数、小数、分数、百分数。B就是一倍量或者单位"1"。

◇思◇考

此环节教学借助两条会变化的线段，引导学生提问列式。学生根据在不同年级段学习到的数学知识，提出问题并解决问题，然后在对比观察的过程中寻找知识之间的内在联系，在变与不变中提取数学模型——A÷B＝C，初步渗透数形结合思想，形成模型意识。

二、比较沟通，建立模型

1. 提问列式。

师：针对六年级知识，你们还可以提出哪些数学问题？请列式解答。

生1：女生人数是男生的百分之几？

生2：女生人数是男生的125%，列式：5÷4＝125%。

生3：女生人数比男生多百分之几？

生4：女生人数比男生多25%，列式：（5-4）÷4＝25%。

师：为什么这样列式？

生4：这道题是求女生人数比男生多百分之几，也就是多的部分是男生人数的百分之几，单位"1"是男生人数，所以（5-4）÷4。

生5：女生人数比男生多25%，还可以这样列式：5÷4-1＝25%。

生6：男生人数比女生少百分之几？

生7：男生人数比女生少20%，列式：（5-4）÷5＝20%；还有一种方法，列式：1-4÷5＝20%。

师：为什么这样列式？

生7：男生比女生少，少的部分是女生人数的百分之几，单位"1"是女生人数，所以（5-4）÷5。

生8：女生人数是总人数的百分之几？

生9：女生人数约是总人数的55.6%，列式：5÷（4+5）≈55.6%。

生10：男生人数是总人数的百分之几？

生11：男生人数约是总人数的44.4%，列式：4÷（4+5）≈44.4%。

2. 对比反思。

对比：女生人数比男生多百分之几？（5-4）÷4＝25%。男生人数比女生少百分之几？（5-4）÷5＝20%。

师：聚焦这两个问题，找一找它们有什么不同点。

生：单位"1"不一样。

师：找一找有什么相同点。

生：前面的相差数是一样的，都是（5-4）。

3. 建立模型。

师：（5-4）÷4 是两步计算，而 5÷4 是一步计算。能不能将这个复杂的问题转化为简单的"谁是谁的百分之几"的问题？

生1：男生人数比女生少的是男生的几分之几。

生2：相差数是男生或者女生的百分之几。

师：刚才提出的等式 A÷B＝C，A 还可以是相差数。

教师小结："求一个数比另一个数多（少）百分之几"的问题，实际上就是以前学习的"求一个数是另一个数的几倍"的问题。

◇思◇考◇

学生根据六年级所学知识，继续提出跟百分数有关的问题，即"一个数比另一个数多（少）百分之几"，但在沟通联系中，一部分学生缺乏独立沟通知识的能力，一部分学生似乎有点想法但总结不出来，因此需要教师对素材进行整理，为学生提供学习支架。学生在这样的对比中，不断思考相同与不同，将较复杂的问题转化为较好理解的问题，继续深化模型的应用。

三、应用模型

1. 百分数易错题练习一。

①某科技公司去年生产机器人 300 台，今年比去年多生产了 60 台，增加了百分之几？

②某机器人今年卖 500 元，比去年便宜了 100 元，便宜了百分之几？

③糖有 10 克，放入 100 克水中，糖占糖水的百分之几？

学生先列式计算，再思考在解答这些题目时哪些地方最容易出错。

学生反馈交流。

生1：第①道题实际上是求"今年比去年增加了百分之几"，也就是"今年比去年增加的是去年的百分之几"，而且"增加的"与"去年的"这两个量都是已知的，因此，列式：60÷300＝20%。

生2：第②道题我的算式是 100 ÷（500-100）= 25%。

生3：我的算式和他的不一样，100 ÷（500+100）≈ 16.7%。

生4：我的算式是 100 ÷ 500 = 20%。

师：要想知道哪一道算式是正确的，我们首先要弄清楚谁比谁便宜了百分之几。

生5：今年比去年便宜了百分之几，也就是今年比去年便宜的是去年的百分之几。

生6："便宜的"是已知的，去年的价格是未知的，但是求去年的价格，应该是 500+100 = 600（元）。

生7：虽然出现了"便宜"两个字，但不是减100，而是加100。因为今年是500，今年比去年便宜，去年比今年多，所以 100 ÷（500+100）≈ 16.7% 正确。

生8：单位"1"是去年，而500是今年，100 ÷ 500 = 20% 是不正确的。

生9：第③道题中糖水指的是糖加水，不能写 10 ÷ 100，而是 10 ÷（100+10）≈ 9.1%。

2. 百分数易错题练习二。

喜欢科学的人数今年比去年增加了25%，你能提出并解决哪些问题？

要求：编一道计算最容易出错的练习给同桌做。

学生编题后反馈。

问题1：去年的人数是今年人数的百分之几？

生：把去年人数看成单位"1"，那么今年人数就是1.25，所以算式是 1 ÷ 1.25。

师：今年人数比去年增加了25%，也就是增加了去年人数的25%，所以今年是 1 ×（1+25%）= 1.25。

问题2：去年人数比今年少百分之几？

生：就是求少的人数是今年人数的百分之几；去年人数是单位"1"，

那么今年人数就是 1.25，算式是（1.25-1）÷ 1.25 ＝ 20%。

四、回顾总结，方法延伸

师：在等式 A ÷ B ＝ C 中，今天解决的问题是求 C，也就是求倍数。如果求 B，也就是求一倍量或者求单位"1"，该怎样计算？

生：A ÷ C ＝ B。

师：如果求 A，我们称为几倍数的问题，等式又是什么？

生：B × C ＝ A。

◇思◇考◇

学生在理解这个模型的基础上，还是会因为错误理解题目信息导致出错，因此设计习题时选择了学生错误率较高的题目，加强模型的应用。另外，本节课只围绕"一个数比另一个数多（少）百分之几"的问题建立模型，但在"百分数（一）"单元解决问题中，还有很多其他类型的题目，例如，求单位"1"、求比一个数多（少）百分之几等问题，完全可以在本节课建立"A ÷ B ＝ C"模型后继续延伸，通过类似的过程，建立知识之间的联系，类推出其他数学模型，解决一类问题。

课 例 11 运动视角探索直线位置关系
——"平行与垂直"教学实践与思考

◎**课前思考**

"平行与垂直"主要是探究同一平面内两条直线的位置关系，它以直线和角等概念为学习基础，为后续学习平行四边形和梯形等内容做好铺垫。本节课概念多且抽象，学生理解起来有一定的难度，需要学生在动手操作中感悟理解。那么，如何解决动手操作耗时问题？如何与图形的运动建立联系？如何与后续学习内容挂上钩？这些问题都是我在课前必须想清楚、弄明白的。为此，我先选择了一条直线作为学习素材，通过再复制一条直线并让它运动起来，探索同一平面内两条直线的位置关系，进而让学生理解和掌握平行与垂直的概念，感受图形的运动与两直线位置关系之间的内在联系，发展空间意识和直观想象能力。

◎**教学目标**

1.了解两条直线的位置关系，掌握平行与垂直的特点，并能够用数学语言正确表述。

2.在分析、观察、比较、归纳两条直线位置关系的过程中，渗透分类思想方法，提高动手实践能力，培养空间观念。

3.通过图形的运动及构造活动，感受数学知识之间的联系，体会数学的美感。

◎**教学重点**

正确理解相交、互相平行、互相垂直等概念。

◎**教学难点**

充分理解平行的本质属性，即平行线之间的距离处处相等。

◎教学过程

一、复习引入，回顾直线的特征

师：同学们，直线有什么特征？（在黑板上画一条直线）

生1：直线不可度量。

生2：直线向两端无限延伸。

师：是的，黑板上画的这条直线，看似只有这么长，但实际上它是无限长的，我们画了一段作为代表。

◇思◇考◇

在学习两条直线的位置关系之前，先复习直线的特点。明确直线是无限延长的这一概念，为后续理解两条直线"看似不相交实际却相交"的情况做好铺垫。

二、直线运动，探究位置关系

（一）借助运动，构造直线

师：如果我们再复制一条直线（板书：复制），并让它们运动起来（板书：运动），请你想象一下，这两条直线的位置关系会有哪些情况？

生1：相交。

生2：不相交。

师：请你在学习单上画出相交和不相交的两种情况。

将学生作品按照"相交"和"不相交"分类贴在黑板上。

◇思◇考◇

先画一条直线再复制出第二条直线并让它们运动起来，进而探索两条直线的位置关系，帮助学生进一步深化对图形运动的理解，让学生感受到新旧知识的关联性。直接让学生画自己认为"相交"的两条直线和"不相交"的两条直线，为后续辨析相交与不相交的概念提供素材。

（二）以画代说，探究平行

1. 探讨不相交。

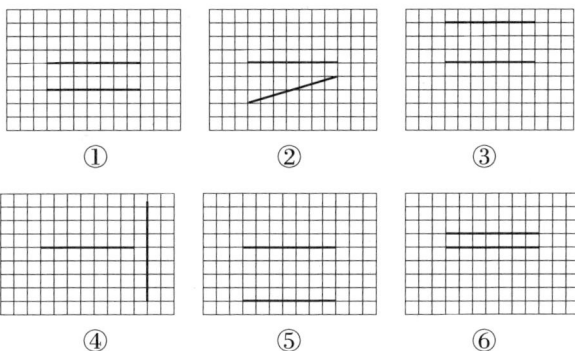

①　　　②　　　③

④　　　⑤　　　⑥

师：你们同意上面这些都属于不相交的情况吗？

生1：我认为②是错的，因为直线是可以无限延伸的，下面一条直线延长后一定会与上面一条直线相交。

生2：图④也是错的，直线是一直在延伸的，横着的这条直线一直延伸就会与竖着的直线相交。

生3：我认为图②和图④都是相交的情况，它们只是没有把相交的部分画出来。

师：我们画出来的这一段只是直线的一段，实际上直线是可以无限延伸的，因此，图②和④都是相交的情况。（将直线延长，并将这两幅图移到"相交"一类）

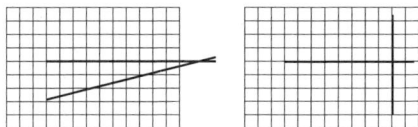

师：还有什么发现？

生：每组的两条直线都交叉在了一起。

师：是的，我们把这个交叉在一起的点叫作交点。由此，它们都有几个交点？

生：1个。

2. 认识平行概念。

师：剩下的这些都属于不相交的情况吗？刚刚我们说直线是可以无限延伸的，你怎么知道它们无限延伸之后不会相交呢？

生1：两条直线之间的距离总是一样的。

生2：以图①为例，两条直线之间的距离都是2格。

师：看来，这两条直线之间的距离处处相等，不管怎么延伸，都不会相交。

教师板书平行线的定义：不相交的两条直线叫作平行线。

3. 理解平行定义。

出示：平，同高也。（《墨经》）

师：谁能说说，这是什么意思？

生：平是指平行线，同高是指两条平行线之间的高度相同。

师：是的，意思就是平行的两条直线之间的距离处处相等。

师：不相交的两条直线叫作平行线，你认为这两条线段所在的直线延伸之后会相交吗？（出示长方体框架）

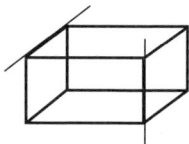

生：不会。

师：那么，它们平行吗？

生：不平行。

师：为什么？

生1：因为之前画的是平面图形，老师出示的是立体图形。

生2：因为这两条直线不在同一个平面上。

师：有关平行线的概念，还要补充什么条件？

生：增加"在同一平面内"。

学生齐读平行线的定义：在同一平面内，不相交的两条直线叫作平行线。

平行线的表示方法：直线 *a* 与直线 *b* 平行，我们用"*a∥b*"表示，读作 *a* 平行于 *b*。

4.生活中的平行。

师：在生活中，你还见过哪些平行线？

生 1：高速公路的两侧路边。

生 2：斑马线。

生 3：窗户的上下沿。

…………

◇思◇考◇

部分学生认为两条直线只要没画出相交点就是不相交，这是由于对于直线的特征理解不够到位导致的。为此，要引导学生进行争论，辨析"延长后能相交"的情况。随后，利用格子图和《墨经》里的定义，让学生对平行线有了本质上的理解：两条直线之间的距离处处相等。不管两条直线如何延伸，都无法相交。

（三）辨析图形，理解垂直

1.认识垂直。

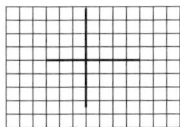
①
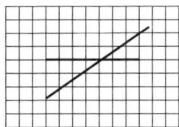
②
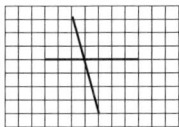
③

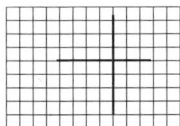
④
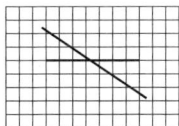
⑤
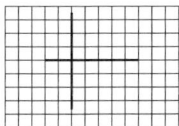
⑥

师：仔细观察这些相交的情况，它们都形成了什么？

生 1：交点。

生 2：4 个角。

师：哪一幅作品形成的角最特殊？为什么？

生：①④⑥最特殊，它们都形成了直角。

师：有几个直角？

生：有 4 个。

出示定义：相交形成直角的两条直线互相垂直。

2. 互相垂直的表示方法。

直线 a 与直线 b 互相垂直，我们用"$a \perp b$"表示，读作 a 垂直于 b。

（四）联系运动，沟通内联

1. 平行与平移运动的联系。

师：现在请你们说说看，复制的这条直线怎么运动才可以与另一条直线形成一组平行线？

生：平移。

教师示范，并介绍平行线的表示方法。

师：平移之后，这两条直线有形成交点吗？

生：没有。

2. 垂直与旋转运动的联系。

师：同样的，原来只有一条直线，复制一条，可以通过什么运动形成互相垂直的情况？

生 1：平移和旋转。

生 2：直接旋转也可以。

3. 平行与垂直的内在联系。

师：经过这节课的研究，两条直线有哪些位置关系？

生 1：相交和不相交。

生 2：在同一平面内，不相交的情况就是平行，而垂直是相交中的特殊情况。

师生共同绘制韦恩图。

思考

透过运动视角，揭示了平行和垂直的定义之后，通过平移运动进一步理解平行的特征：两条直线之间的距离处处相等；利用旋转运动凸显垂直时两条直线形成的特殊角——90°，沟通平行与垂直的内在联系，发展学生的空间观念。

三、深入探究，探索知识内涵

1. 观察图形特点，探究平行公理推论。

①请你画两条与直线 a 平行的直线。

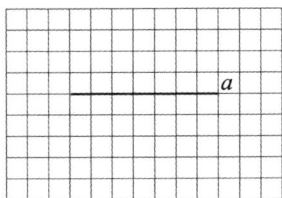

②请你画两条与直线 a 垂直的直线。

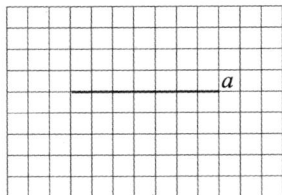

学生作品展示。

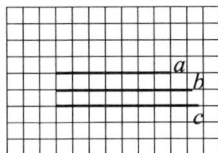

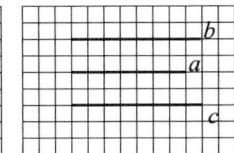

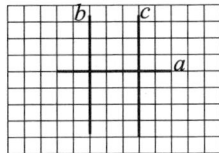

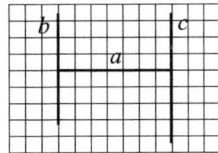

①   ②

师：你们有什么发现?

生 1：与直线 a 平行的另外两条直线是平行的。

生 2：与直线 *a* 垂直的两条直线也是平行的。

师：这就是著名数学家希尔伯特在《几何基础》中提出的平行公理推论。

2. 紧抓图形要素，发展想象推理水平。

①先画一组平行线，再画两条直线（位置关系自定），得到一个四边形。

②先画一组垂线，再画两条直线（位置关系自定），得到一个四边形。

学生作品展示。

利用一组平行线构造的四边形。

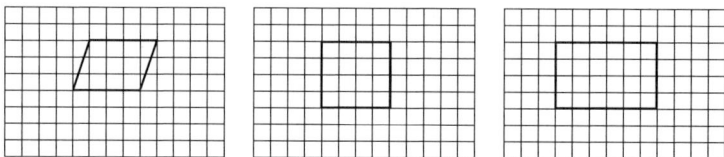

利用一组垂线构造的四边形。

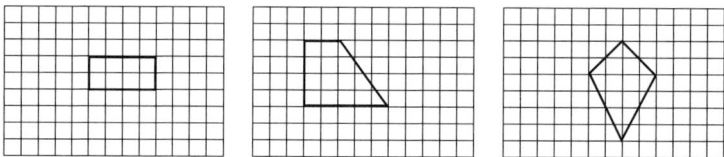

师：刚刚同学们画出的长方形、正方形、平行四边形和梯形等都是接下来我们要进一步学习的内容，它们都可以利用平行与垂直的知识构造出来。

思 考

练习主要有两个板块，一是探索平行公理推论，使学生对于平行线的传递性以及平行与垂直之间的联系有更深刻的理解。二是基本图形的构造，既对今天所学习的知识进行巩固，也为后续认识平行四边形和梯形打下重要的基础，发展学生的空间观念。

四、课堂小结

1. 回顾总结。

2. 延伸思考：在探究平行的时候，需要补充"在同一平面内"这个条件，那垂直的定义里为什么没有做同样的补充呢？

数学课让学生"犯点错"

——"点到直线的距离"教学实践与思考

◎**课前思考**

"点到直线的距离"是学习平行四边形和三角形的高的重要基础，是这些平面图形的高的上位概念。水平方位的直线外一点找最短线段和发现两条平行线间的距离处处相等的规律对学生来说并不难。如果对点到直线的距离的学习只停留在对水平方位直线的认识上，概念建立是不完整的，也不利于后续对高的认识。为了避免学生误认为"竖直线段就是垂线段"，我将例题中水平方向的小路调整为倾斜方向的小路，意在增加探究难度，凸显画垂线段的价值。同理，在研究两条平行线之间的距离时，我也将水平方向的两条平行线改成倾斜方向。因此，这节课围绕"找最短线段—垂线段最短—垂线段的长度是距离"的路径，通过层层递进的操作、判断、辨析等活动，帮助学生理解和掌握距离概念的本质。

◎**教学目标**

1. 经历垂线段性质的探索过程，发现点到直线间垂线段最短。

2. 会测量点到直线、平行线之间的距离，会利用垂线段的性质解释一些生活现象。

3. 在探究过程中体会数与形的联系，发展空间观念，提高推理能力。

◎**教学重点**

经历画垂线段的探究过程，理解垂线段性质。

◎**教学难点**

理解"点到直线的距离"的概念。

◎**教学过程**

一、创设情境，提出问题

情境引入：同学们，我们的家乡发生了翻天覆地的变化，老百姓过上了幸福美好的生活。交通越来越发达了，出行也更方便了。请看大屏幕上近几年建设的温州沿海最美高速公路。

提出问题：在这条最美高速公路的旁边有一个幸福镇，如果我们把它看成一个点，把这条最美高速公路看成一条直线，你能帮助幸福镇设计一条通往最美高速公路的水泥路吗？

幸福镇
·

高速公路

◇思◇考◇

以生活实际问题引入，让学生感觉到数学就在身边，有助于激发学生的学习兴趣。研究数学问题要善于将生活问题数学化，引导学生学会将幸福镇和高速公路抽象成数学中的点和线，为后续的画图探究做好铺垫。

二、活动探究，掌握新知

（一）研究点到直线的距离

1. 画最短的线段。

师：画一条最短的路线，并量出长度。

学生尝试画图，教师巡视指导。

反馈交流（按所画线段的长短，有序呈现学生作品）。

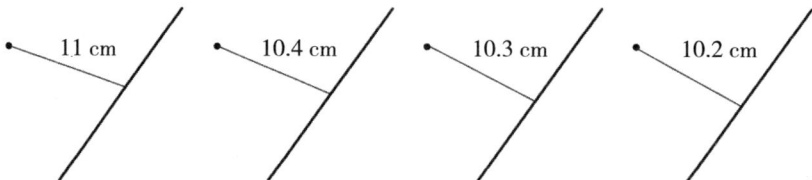

| 11 cm | 10.4 cm | 10.3 cm | 10.2 cm |

◇思◇考◇

为了不让学生混淆竖直线段和垂线段，我在教学中将公路斜着画。在找"最短线段"的过程中，学生会给出各种各样的答案。我采用视觉冲击法，按从长到短依次呈现学生的作品，以此冲击学生的思维，迫使学生寻找"垂直"这一抓手，确定最短的线段——垂线段。

师：还有哪些同学画得更短？（全班近三分之二学生举手了）

生1：我画的线段只有10 cm。

生2：我画的只有9.9 cm。（只有一名学生）

生3：我画的是9.8 cm。（只有一名学生）

教师将10 cm、9.9 cm、9.8 cm三幅作品展示在黑板上。

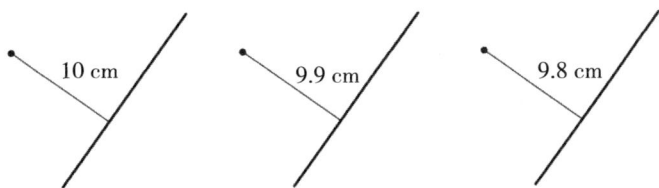

师：我想采访一下这三名同学，你们是怎么画出最短线段的？

生1：我用三角板的一条直角边对准这条直线，然后慢慢移动直到另一条直角边对准幸福镇这个点，再画下来。

生2：这样画下来之后，这条线段与这条直线形成了直角。

生3：我也是这样画的。

其他学生表示赞同。

师：这三名同学都利用了三角板的直角去画，所画的线段与这条直线都形成了直角，但是为什么长度却不同？

生：测量时会存在一点点误差。

师：到底有多长呢？我们请几何画板帮忙精准地测量。

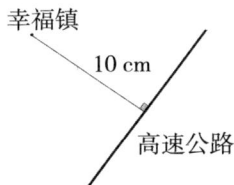

2. 找更短的线段。

师：能不能再找到一条比10 cm更短的线段呢？

学生尝试，没有发现更短的线段。

借助几何画板验证，发现 10 cm 的线段最短，并且只有一条。

师：我们把这条线段叫作垂线段，它的长度就是这个点到这条直线的距离。

◇ 思 考 ◇

垂线段出现了 10 cm、9.9 cm、9.8 cm 等不同情况，同样的操作，不同的结果。当这种测量误差无法用语言解释清楚时，学生容易对垂线段的性质产生错误理解，此时借助几何画板进行动态验证，学生就能清晰认识到垂线段的长度是唯一的，从而使学生突破认知瓶颈，帮助其理解操作误差。

3. 比较：垂线段和其他几条线段有什么不同的地方？

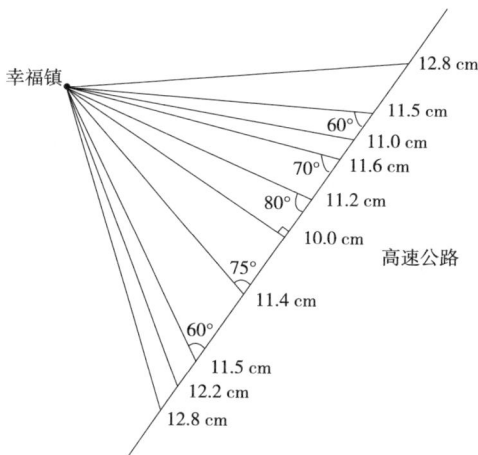

生 1：它们的长度不同，垂线段最短，其他线段都比它长。

生 2：其他线段与这条直线形成的角度不同，角度越小，这条线段就越长。

生 3：角度越接近 90°，线段的长度就越短。

生 4：垂线段只能画一条，其他线段可以画无数条。

教师小结：从幸福镇到最美高速公路的所有线段中，垂线段最短，有且只有一条。

◇思◇考◇

通过"两次找"来规范、修正学生对垂线段的认识。第一次找最短的长度，学生在寻找、比较过程中理解过直线外一点任意地画线段，可以画出无数条，其中垂线段最短。第二次找异同点，学生进一步感悟过直线外一点画垂线段有且只有一条。"两次找"从不同维度强化学生的认知，使学生真正理解垂线段距离最短的唯一性。

4. 继续探究。

师：如果点和直线的位置改变了，点到直线的所有线段中垂线段还是最短的吗？

学生再次探究（可用"快乐镇"素材研究，也可以自主设计研究素材）。

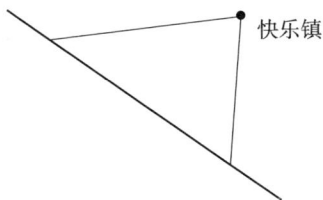

学生汇报交流。

生1：我画了几条线段比较快乐镇到这条直线的距离，它们的长度分别为 6.5 cm、6.6 cm、7.2 cm，发现垂线段的长度是最短的。

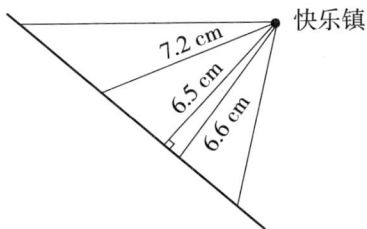

生2：我自己设计了一个高兴镇，发现从高兴镇到高速公路也是垂线段的长度最短。

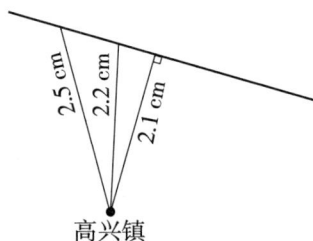

高兴镇

生 3：我研究的结果也是垂线段的长度最短。

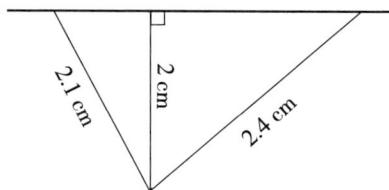

师：我们刚刚画的就是三角形的一个顶点到对边的距离。我们会发现，还是垂线段最短。

教师小结：通过刚才的研究，我们发现所画的点到直线的线段中，确实是垂线段最短。

◇思◇考◇

学生通过画、量、比、想，再次经历"猜想—验证"的过程。依托大量的例子验证，最后归纳出"垂线段最短"的性质，体现了数学研究的严谨性、科学性，有利于培养学生严谨的科学态度。同时将素材替换成三角形，虽然还是作点到直线的距离，但是学生会有新的收获，为后续画三角形的高做好铺垫。

（二）研究两条平行线之间的距离

1.直线 *a* 和直线 *b* 分别代表公路的两条边，那么它们之间相距多远呢？

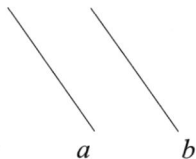

a　　*b*

学生动手研究，并反馈交流。教师分两次呈现学生的研究成果。

第一次呈现学生的研究成果。

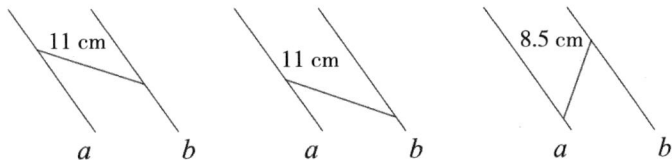

生1：11 cm、8.5 cm 都不是它们之间的距离。

生2：因为它们都不是垂线段。

第二次呈现学生的研究成果。

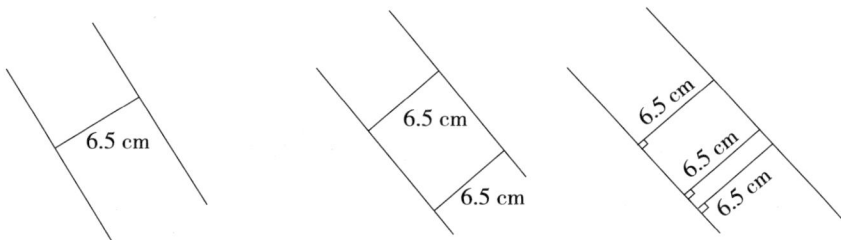

师：这两条平行线之间的距离到底是多少呢？

生1：这两条平行线之间的距离是 6.5 cm。

生2：我画了两条垂线段，发现它们的长度都是 6.5 cm。

生3：我们可以在其中一条直线上随便选几个点向对边画垂线段，而且我还发现这些垂线段的长度都是相等的。

教师利用多媒体课件来验证学生的答案。

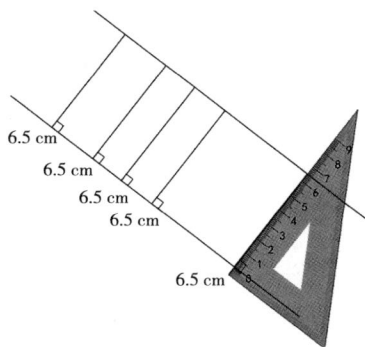

师：谁能用一句话概括一下我们刚才的研究成果？

生 1：在两条平行线之间画的垂线段，它们的长度都是相等的。

生 2：不管在哪个位置画垂线段，它们的长度都是相等的。

教师小结：两条平行线之间的距离处处相等。

2. 下面各图形中有平行线吗？

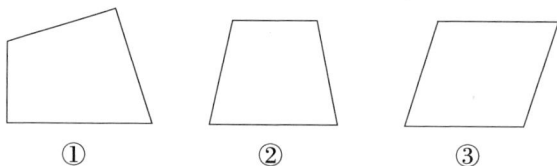

①   ②   ③

学生初步判断，发现②和③中有平行线。

学生动手测量验证，发现③有两组平行线。

〈思 考〉

借助测量路宽这一生活中的问题，激发了学生对平行线之间距离的探究欲望。倾斜方向的平行线为学生提供了更为开放的自主探究空间，运用对比、辨析、实践论证等多种活动促使学生寻找垂线段，从而发现测量两条平行线之间距离的方法。让学生寻找四边形、梯形、平行四边形上的平行线，为后续学习这些图形做好铺垫。

（三）在比较中建立联系

师：为什么点到直线的垂线段只有一条，而平行线之间的垂线段却有无数条？

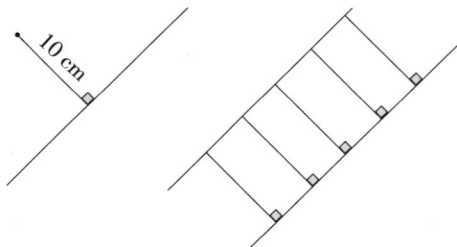

生：直线外一点到这条直线画垂线段只能画一条；但是两条平行线以其中的一条直线为准，另一条直线上有无数个点，都可以向这条直线画垂线段，因此，可以画无数条。

师：如果有一些点距离这条直线都是 10 cm，这些点的位置有什么关系？

生：它们都在一条直线上，连起来会与另一条直线平行。

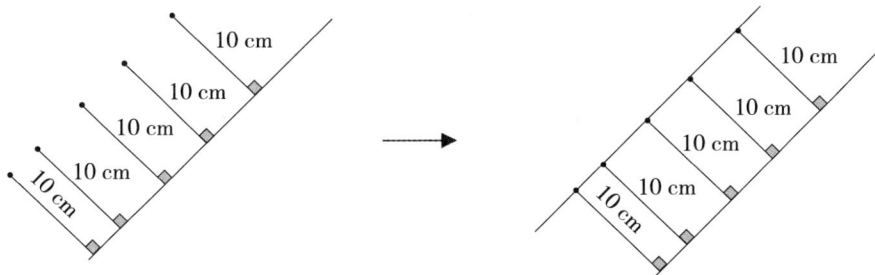

◇思◇考◇

引导学生在比较中厘清错误的根源，找到数学的本质。为什么点到直线之间的垂线段只有一条，平行线之间的垂线段却有无数条呢？这个关键问题，促使学生在比较中触及垂线段的本质，为学生真正理解垂线段创设条件。

三、生活应用，解决问题

师：从点 A 过斑马线，走哪条路最近？

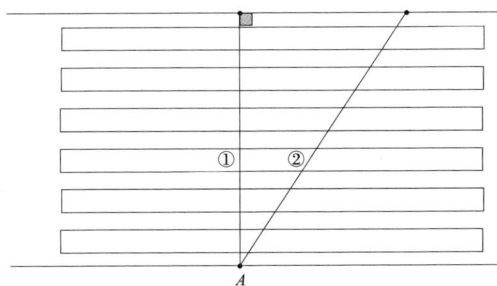

生：选择路线①最近，因为垂线段最短。

师：测量跳远距离哪种方式是正确的？

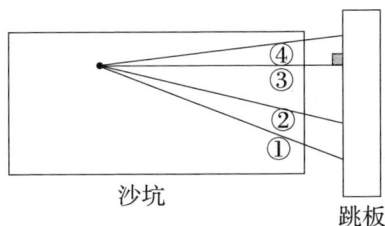

沙坑　　　　跳板

生：③是正确的。

生：画垂线段，每个人都测点到直线的距离才公平。

师：有 5 名同学站在一条直线上玩套圈游戏，你觉得公平吗？

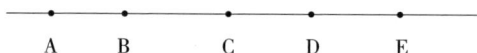

$$A \quad B \quad C \quad D \quad E$$

生：不公平，每个人到套圈的距离都不相同，C 同学与套圈之间的连线正好是垂线段，距离最短。

师：怎样让套圈游戏公平呢？

生 1：每个人轮流站在 C 同学的位置上套圈。

生 2：在每个人的正前方都摆上一个套圈游戏材料。

生 3：可以画一个圆，每个人站在圆上，距离就都相同了。

学生回答后，教师通过多媒体课件演示学生答案。

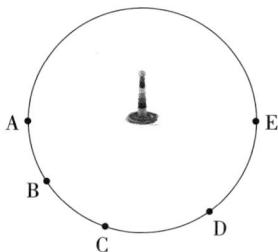

◇思◇考◇

将练习与生活实际结合起来，将学生的视野从课堂拓宽到生活中去，有利于培养学生的数学眼光。这样的练习设计，不仅能促进学生对概念的理解与应用，还让学生体会数学来自生活，又应用于生活，体现了数学的应用性，促进学生应用意识的发展。

四、回顾总结，知识内化（略）

课例 13 **"画"出数据意识，"比"出数学本质**
——"扇形统计图"教学实践与思考

◎**课前思考**

统计图教学一般有两种策略：一是通过实践活动，如数据收集、整理及统计图制作，让学生经历数据收集、整理、分析与统计图制作的全过程；二是让学生体会统计图产生的价值，关注不同统计图的本质特征及区别。在低段教学中，学生已经多次经历数据收集，并整理成统计表或统计图的过程，扇形统计图教学还需要让学生经历数据收集、整理和统计图制作的全过程吗？扇形统计图的形状和条形统计图、折线统计图有着明显的差异，扇形统计图、条形统计图、折线统计图之间有共性吗？如何让学生理解扇形统计图与后两类统计图之间的联系与区别，体会扇形统计图独有的价值呢？为此，我注重对学生数形结合需求的引导，让学生通过画扇形统计图，经历扇形统计图的形成过程；通过对比分析，排除非本质属性，让学生在辨析中深度理解扇形统计图。

◎**教学目标**

1. 在画图过程中感受扇形统计图的主要特点，能从扇形统计图中获取必要的信息。

2. 在对比活动中，进一步感受扇形统计图的意义和作用，渗透数形结合思想，发展数据意识。

3. 感悟扇形统计图与生活之间的密切联系，发展应用意识与创新意识。

◎**教学重点**

认识扇形统计图及其主要特点。

◎**教学难点**

读懂扇形统计图，并解决实际问题。

◎教学过程

一、直接导入，激发学习需求

1.名句引入。

出示著名数学家华罗庚先生名言：数缺形时少直观，数形结合百般好。

师：结合数学学习，谁能说说这句话的含义。

生1：数字缺少形时，看上去就没那么清楚了。

生2：数是数，形是形，数和形结合在一起就更好了。

2.呈现学习材料。

师：下面是六（1）班全班同学喜欢的体育项目情况统计表，从这张表中你能读出哪些信息？

六（1）班同学喜欢的体育项目统计

项目	游泳	跳水	跑步	乒乓球
人数	8	10	2	20

生1：知道了各个项目的具体人数，还可以算出各个项目占总人数的百分比。

生2：全班40人，所以喜欢乒乓球的人数占全班人数的50%，喜欢跳水的人数占全班人数的25%，喜欢游泳的人数占全班人数的20%，喜欢跑步的人数占全班人数的5%。

师：我将你的这组数据也整理进表格。

修改后六（1）班同学喜欢的体育项目统计

项目	游泳	跳水	跑步	乒乓球
人数	8	10	2	20
占全班人数的百分比	20%	25%	5%	50%

师：我国著名的数学家华罗庚先生曾经说过"数缺形时少直观"，如果我们给上面的数据补上图形，你觉得可以画成什么样的统计图呢？

生 1：条形统计图。

生 2：扇形统计图。

◇思◇考◇

用著名数学家华罗庚先生的名言引入，有助于激发学生画图的学习需求。引入环节直接呈现素材能节约出更多的时间用来展开学生对扇形统计图本质特征的学习与探究。

二、画图操作，体会图形特征

1.画条形统计图，找到知识联结点。

学生作品展示。

六（1）班同学最喜欢的运动项目统计图

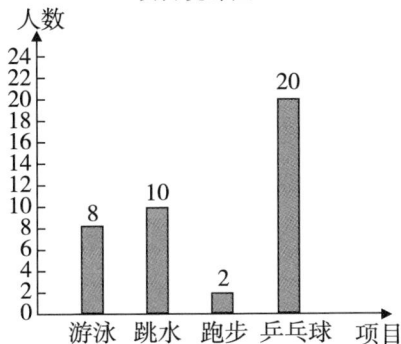
①

六（1）班同学最喜欢的运动项目人数情况统计图

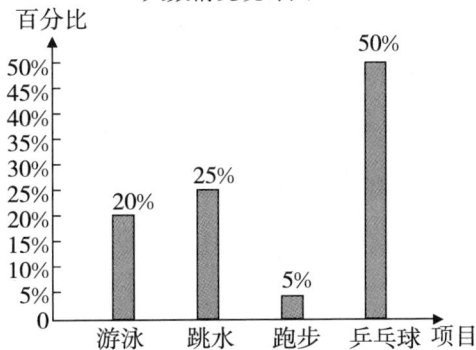
②

学生反馈交流。

生 1：①把喜欢每个项目的人数做成了条形统计图，②将每个项目占总人数的百分比做成了条形统计图。

生 2：虽然表示的数据不同，但是形状完全相同。

师：画成条形统计图有什么好处？

生 1：更加直观。

生 2：能一眼看出每个项目的人数。

教师板书：直观地看出各部分数量的多少。

师：我把上面的数字都擦了，你还能看出他们的数量吗？

生：能。

◇思◇考◇

学生在四年级已经学习了条形统计图。因此，多数学生能用条形统计图把信息表达出来。为了研究方便，我在数据选择上精心考虑，如喜欢乒乓球的人数刚好是总人数的二分之一，喜欢跳水的人数占总人数的四分之一，喜欢游泳的人数是喜欢跑步人数的4倍。

2.画扇形统计图，体会形成过程。

迁移创作，画扇形统计图。

师：除了条形统计图，我发现有些同学画了不一样的统计图。

生：扇形统计图。

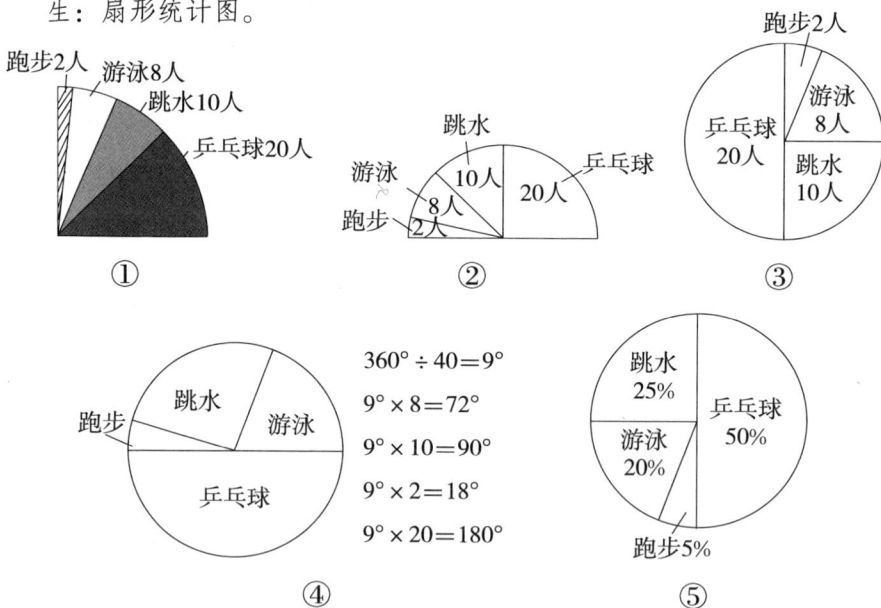

① ② ③

$360° ÷ 40 = 9°$

$9° × 8 = 72°$

$9° × 10 = 90°$

$9° × 2 = 18°$

$9° × 20 = 180°$

④ ⑤

师：扇形统计图的形状是扇形还是圆形?

生1：是圆形。

师：那不是圆形统计图吗？为什么叫扇形统计图呢？

生2：因为圆形的一部分是扇形，每个项目是一个扇形。

生3：①②不是扇形统计图。

对比修正扇形统计图。

师：③④⑤中的各部分是怎么分出来的？

生1：圆是360°，360°分别乘20%、25%、5%、50%可以算出各部分的角度，画出来的就精准了。

生2：还可以360°除以40等于9°，也就是每个人所对应的圆心角是9°，一个项目有几人，就有几个9°。

继续完善扇形统计图。

师：同学们采用了同样的方法算出了各部分在圆里的大小，但③和⑤标注的数据有些不同。

生：③是把每个项目具体几人标注上去，⑤表示喜欢乒乓球的人数占总人数的50%，喜欢跳水的占25%，喜欢游泳的占20%，喜欢跑步的占5%。

师：为什么要把数据写成百分数呢？

生1：统一分数单位，便于比较大小。

生2：这样方便知道各部分在整个圆中的占比。

3. 对比思考，了解扇形统计图本质。

师：现在看扇形统计图与条形统计图，两者分别有什么优点？

生：通过扇形统计图和条形统计图都能看出各部分的数量多少，扇形统计图还能更加方便地看出各部分和整体的关系。

教师板书：直观地看出各部分与整体的关系。

师：是的，扇形统计图不但能看出各部分数量是多少，还可以看出各部分占比是多少。

思考

引导学生在对比中充分认识扇形统计图的本质特征，让学生的思维由低阶逐渐走向高阶。画图聚焦三个问题，问题一：扇形统计图为什么是圆形？问题二：为什么要把数据转化成百分数呢？问题三：我们已学习了条形统计图、折线统计图，为什么还要学习扇形统计图？学生在讨论交流中，进一步认识扇形统计图的主要特征与优势。

三、对比练习，辨析图形本质

1. 基础练习，巩固识图。

完成人教版小学数学教材六年级上册第 94 页的练习，并绘制扇形统计图。

2. 对比练习，理解本质。

师：从下面两个扇形统计图中，你能看出哪一所学校的女生人数多吗？

甲校男、女生人数情况统计图　　　乙校男、女生人数情况统计图

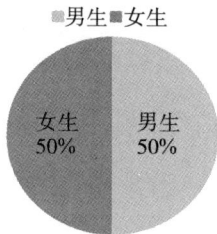

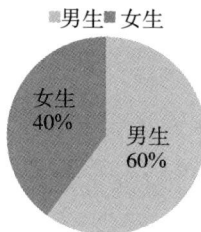

■男生 ■女生　　　　　　　　　　■男生 ■女生

生 1：我认为甲校女生多，因为 50% > 40%。

生 2：我不同意，因为总人数不知道，如果甲校总人数是 600 人，乙校总人数是 1000 人，那么甲校女生人数就是 300 人，乙校女生人数是 400 人，也就是乙校女生多了。

生 3：我也这么认为，总人数发生变化，也就是单位"1"变了，男女生人数也会变化，所以无法比较。

3. 综合练习，灵活应用。

根据扇形统计图中的信息，回答下列问题。

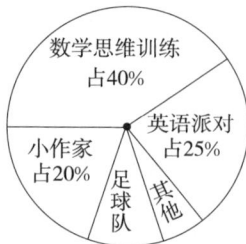

① 参加（　　　）兴趣小组的人数最多，占全班人数的（　　　）。

② 下面哪个数能比较准确地形容参加足球队的人数情况。（　　　）

A.40%　　　　　　B.20%　　　　　　C.10%　　　　　　D.5%

③参加数学思维训练的有 16 人，这个班共有多少名学生？

④其他兴趣小组有多少人？

生：参加数学思维训练兴趣小组的人数最多，占全班人数的 40%。

师：下面哪个数能比较准确地形容参加足球队的人数情况。

生：选择 C，因为已经知道的几个百分数加起来是 85% 了，所以答案不能超过 15%。

师：为什么不能是 5% 呢？

生：因为足球队的人数比其他兴趣小组的人数多，如果足球队占 5%，其他兴趣小组占的就比 5% 少，他们加起来达不到 15%，所以也不行。

师：第③小题怎么列式呢？

生：$16 \div 40\% = 40$（人）。

师：其他兴趣小组有多少人？

生 1：先算出其他兴趣小组人数占总人数的 5%，$40 \times 5\% = 2$（人）。

生 2：可以把已知的几个兴趣小组的人数都算出来，用 40 减一下。

生 3：加入数学思维训练小组的人数占 40%，是其他兴趣小组人数占比 5% 的 8 倍，所以 $16 \div 8 = 2$ 就可以了。

师：方法很多，你们很会思考。

◇思◇考◇

练习有三个层次，分别为基础练习、对比练习和综合练习。尤其是综合练习，结合了百分数、统计图等知识，让学生将圆与百分数等知识进行综合应用，进一步完善知识结构，培养数据意识，发展创新意识与应用意识。

四、课堂总结，再次体会数形结合

师：通过这节课学习，你对扇形统计图有了哪些认识？

生：通过扇形统计图，我们能看出部分和整体之间的关系。

…………

在猜想验证比较活动中掌握方法

——"搭配（一）"教学实践与思考

◎**课前思考**

　　"搭配（一）"是二年级数学广角的知识内容，搭配其实就是排列与组合思想方法在现实生活中的广泛应用，也是发展学生逻辑思维能力的极好素材。这节课主要渗透排列数学思想，让学生对排列的有序性有一个初步的了解。在教学中，要引导学生用更简洁、更抽象的方式把思考的过程和结果表达出来，培养学生有序、全面思考问题的能力。二年级学生在生活中已初步具备搭配经验和能力，但做有序的搭配还是有一定难度的，因此，如何让学生的有序思考在学习过程中有效显现，将是我思考的主线。

◎**教学目标**

　　1.通过观察、猜测、操作等活动，了解、发现最简单排列的基本思路、基本方法，初步体会排列思想方法。

　　2.经历发现最简单排列规律的过程，初步学会观察、分析、推理，养成有序、全面思考问题的意识。

　　3.初步感知数学与生活的联系，发展数学应用意识与创新意识。

◎**教学重点**

　　掌握排列不重复、不遗漏的方法。

◎**教学难点**

　　学会用有序思考的方法解决问题。

◎**教学过程**

　　一、呈现素材，聚焦问题

　　1.提出问题。

　　呈现数字卡片：1、2、3。

师：看到这三个数字，你能提出什么问题？

生 1：这三个数能组成的最大的三位数是几？最小的三位数是几？

师：谁来回答？

生 2：最大的三位数是 321，最小的三位数是 123。

生 3：三个数加起来的和是几？

生 4：三个数加起来的和是 6，列式：1+2+3 = 6。

生 5：这三个数能组成几个两位数？（全班学生陷入思考）

2. 揭示课题。

师：这个问题有点难，这节课我们就来共同研究一下。

◇思考◇

学生根据给出的数字卡片能提出一些可以解决的数学问题，激发学生的学习兴趣，不断引发学生思考，最终聚焦在学生没有办法马上解决的问题上，引导学生探究。

二、感悟有序，解决问题

(一) 猜测尝试，产生冲突

出示问题：用 1、2 和 3 组成两位数，两位数的十位数和个位数不能一样，能组几个两位数？

师：十位与个位不同是什么意思？

生：像 11、22、33 这样的两位数就不符合要求了。

师：请你们猜猜，能组几个这样的两位数？

生 1：2 个。

生 2：3 个。

生 3：4 个。

生 4：6 个。

…………

学生随意猜。

师：到底能组几个呢？请你们把它们写下来。

学生自主完成，教师巡视。

师：你写了几个？

生1：3个。（只有一两名学生举手赞同）

生2：5个。（有少数学生举手赞同）

生3：6个。（大多数学生举手赞同）

师：通过刚才的研究，我们班出现了3种不同的答案，接下来，我们从最少的3个开始研究。

生1：我组了12、13、23三个数。

学生汇报后，其他学生纷纷举手。

生2：可以组成的数有12、21、23、32、13、31。

师：谁能写出第7个数？

有个别学生报出第7个数，但是发现与之前的数重复了。

◇思◇考◇

问题由学生提出后，教师要放手让学生自主梳理，暴露学生的元认知和认知冲突。在学生的最近生长区找到发展区是教学最有效的路径，通过这样的环节可以在猜想的激趣中找到学生的最近发展区。

（二）对比分析，感悟有序

师：刚才我们班大多数同学找到了6个两位数，请问你们有什么好方法？

生1：我用了交换法，先写出一个两位数，再将个位与十位上的数字调换一下顺序。如12通过调换得到21，23通过调换得到32，13通过调换得到31。

师：非常棒！掌声鼓励！

生2：我先确定十位上的数字，再写个位上的数字。如十位是1，个位是2或3，得到12、13；十位是2，个位是1或3，得到21、23；十位是3，个位是1或2，得到31、32。

生3：我还有一种办法，先确定个位上的数。当个位是1时，可以写

出 21、31；当个位是 2 时，可以写出 12、32；当个位是 3 时，可以写出
13、23。

（三）方法提炼，完善认知

1.归纳小结。

师：观察这些方法，你发现了什么特点？

生 1：这些方法都有规律。

生 2：按这些规律写，就不会重复也不会遗漏。（板书：不重不漏）

师：交换位置、固定十位法、固定个位法，做到了有序思考（板书：
有序思考），你们喜欢哪种方法？

生 1：我喜欢交换位置法，写一个能变成两个。

生 2：我喜欢固定十位法，一个数字一个数字去固定，这样就不会遗
漏了。

2.运用方法。

师：现在老师换一个数字，把 3 换成 4，请用你喜欢的方法快速写出
十位与个位不同的两位数。

生 1：我用固定十位法，12、14、24、21、42、41。（全班多数学生用
了这种方法）

师：如果把 3 换成 5，可以写几个？

生 1：6 个。

生 2：12、15、21、25、51、52。

师：谁能用一句话概括一下规律呢？

生：只要是 3 个数字都能组成 6 个十位与个位不同的两位数。

师：看来同学们都认为用 3 个数字可以组成 6 个十位与个位不同的两
位数。

3.特例分析。

出示：1、2、0，让学生用这 3 个数字组成 6 个两位数并写出来。

学生活动，汇报交流。

生 1：12、20、10、21。

生 2：12、10、21、20。

师：你们写了几个？

生：4 个。

师：刚才你们都认为"用 3 个数字可以组成 6 个两位数"，为什么现在只能写出 4 个呢？

生：最高位不能是 0，所以 01、02 都不符合要求。

师：看来 3 个数字中有一个是 0 就只能写出 4 个两位数。

◇思◇考◇

先呈现有遗漏或者重复的答案，激发学生思考"如何组才会不重复又不遗漏"；再呈现有序思考的作品，追问"怎么做才能不重复又不遗漏"。尽管学生写法可能不同，但只要有顺序地写，就能"不重复、不遗漏"。引导学生对几种不同方法进行对比，深化学生思考有序组数的方法。接着更换其中一个数字，引导学生归纳总结规律，再借助特例"0"突破认知，完善规律。最后让学生在优化中，再次感受有序思考的优点。

三、变式练习，运用有序

1. 用 6、8、9 组成的十位上的数字和个位上的数字不一样的两位数中，大于 80 的有几个？

生 1：2 个。

生 2：4 个。

师：到底有几个？写一写。

生 1：我把所有的两位数写出来，找到大于 80 的数有 4 个。

生 2：因为要比 80 大，所以十位最小是 8，可以写出 86、89；十位是 9，可以写出 98、96。

生 3：我用了固定十位法，十位上的数字只能是 8 和 9，一共有 4 个，不需要一个一个地写出来。

师：看来找到大于 80 的数，只要将十位固定成 8 和 9 就可以；那么，小于 80 的数有哪些?

生:68 和 69。

2. 用 4、8、9 组成的两位数中,单数有几个? 同桌互相讨论。

生:89、49。

师:回答这个问题我们只要考虑什么就可以了?

生:个位。

师:将个位固定为单数,就能很快找出是单数的两位数。

〈思〉〈考〉

找大于 80 的两位数与是单数的两位数,我都用了卡片操作。一种方法是固定十位法,另一种方法是固定个位法,旨在引导学生灵活地运用解决问题的方法。

3.3 位老师拍照,编号为①②③,只有座位 A、B,有几种坐法?(学生交流后,教师呈现列表法)

座位 A	座位 B
①	②
①	③
②	①
②	③
③	①
③	②

师:看来排座位的问题也可以用固定法来解决。

3 位老师拍照,编号为①②③;有 3 个座位,分别为 A、B、C,有几种坐法?(学生交流反馈后,教师呈现列表法)

座位 A	座位 B	座位 C
①	②	③
①	③	②
②	①	③
②	③	①
③	①	②
③	②	①

师：有序排列也能解决生活中的一些问题。

◇思◇考◇

通过变式练习，引发学生深入思考，让学生在有序思考的过程中感悟固定法的便捷，结合生活实际运用有序思考解决问题，感受数学与生活的联系，提高分析问题和解决问题的能力。

四、全课总结，课外探究

1. 今天这节课学习了什么？对你的启发有哪些？

2. 你还能在生活中找到用排列方法解决的问题吗？

在分析比较中掌握方法
——"排列问题"教学实践与思考

◎**课前思考**

　　学生在二年级"数学广角"中已经学习了简单的排列和组合内容，会用 3 个数字组成没有重复数字的两位数。本节课要求学生用 4 个数字（含 0）组成没有重复数字的两位数，学习稍复杂的排列问题。与二年级的内容相比，不仅元素（排列的数字）多了 1 个，而且增加了 0 这个特殊的数字。二年级学生主要通过具体操作、观察、猜测等活动，初步感知排列思想和方法，而本节课的教学应引导学生用更简洁、更抽象的方式把思考过程和结果表达出来，培养学生有序、全面思考问题的能力。它是本单元的第一个例题，为接下来学习搭配服装、4 支球队比赛场次等问题打下基础。

◎**教学目标**

　　1. 能正确地用 4 个数字（含 0）组成没有重复数字的两位数。

　　2. 经历用 4 个数字（含 0）组成没有重复数字的两位数的探寻过程，掌握简单搭配的方法，发展有序、全面思考问题的能力。

　　3. 在探索解决问题的有效策略中，体会分类讨论思想、符号化思想。

◎**教学重点**

　　能正确地用 4 个数字（含 0）组成没有重复数字的两位数。

◎**教学难点**

　　掌握简单的搭配方法。

◎**教学过程**

　　一、谈话引入，提出问题

　　1. 谈话引入。

　　师：同学们，我们已经在二年级学习了简单的搭配问题，能将 2 个数字、3个数字组成没有重复数字的两位数，这节课我们研究用4个数字组成没有重复数字的两位数。

2.提出问题。

现有卡片1、2、3，请你再选一张卡片，组成没有重复数字的两位数。

师：请你先猜想一下，用这4张卡片可以组成多少个没有重复数字的两位数？

学生可能会猜想6个、8个、9个、20个、30个、100个等。

〈思〉〈考〉

此教学环节开门见山，不复习旧知，直接出示任务。这是因为，如果学生复习了2个数字可以摆2个没有重复数字的两位数、3个数字可以摆6个没有重复数字的两位数，那么例题教学会使学生猜想的答案比较单一，很难激发他们探索研究的欲望。为此我对例题进行了改编，并没有像教材上的例题那样直接出示0，这样的改编更具开放性、挑战性。

二、探索研究，掌握新知

（一）研究用4个数字组成没有重复数字的两位数

1.验证猜想。

学生交流汇报：有的学生认为只能组成6个，有的学生认为可以组成9个，有的学生认为最多能组成12个，还有的学生认为可以组成13个、16个……接下来，教师组织学生从最少的个数开始进行比较分析。

6个：10、20、30、12、13、23。教师引导学生进行分析，结果发现12、13、23这3个两位数的个位与十位上的数字可以进行调换，又可以得到21、31、32这3个两位数。因此，一共可以摆出9个没有重复数字的两位数。

师：为什么10、20、30这3个两位数的个位与十位上的数字不能进行调换呢？

生：这3个两位数的个位与十位互换位置，就会得到01、02、03，一个数的最高位不能为 0。

12 个：12、13、14、21、23、24、31、32、34、41、42、43。

师：谁能组成第 13 个数？

2. 比较归纳。

师：补上数字 4，得到了 1、2、3、4 这 4 个数字，组成了 12 个没有重复数字的两位数。谁还有其他不同情况？

生 1：补上数字 5，也得到了 12 个没有重复数字的两位数，它们是 12、13、15、21、23、25、31、32、35、51、52、53。

生 2：补上数字 6，也得到了 12 个没有重复数字的两位数，它们是 12、13、16、21、23、26、31、32、36、61、62、63。

生 3：补上数字 4～9 中的任何一个数字，都会得到 12 个没有重复数字的两位数。

师：为什么？

生：只要将 12、13、14、21、23、24、31、32、34、41、42、43 中的 4 换成 5、6、7、8、9，得到的答案是一样的。

师：将 12、13、14、21、23、24、31、32、34、41、42、43 中的 4 换成□。这时□可以代表 4、5、6、7、8、9 中的任何一个数字。

师：为什么□里填 0，只能组成 9 个没有重复数字的两位数，而填 4～9 中的任何一个数字可以组成 12 个呢？

学生在讨论中明白 0 不能放在十位上，因此，少了□1、□2、□3 这 3 个两位数。

◇思◇考◇

为什么从最少的 6 个开始分析呢？因为只摆 6 个两位数的学生，肯定是有所遗漏了。此时我们可以引导学生进行比较分析，寻找原因。这样，学生的印象会更加深刻，且摆 9 个两位数的情况就无须再进行反馈了。最后，引导学生找第 13 个数。学生在逐个寻找与辨析的过程中，进一步体会有序、全面的思考方法。

（二）尝试练习

用 1、3、5、□ 这 4 个数字可以组成多少个没有重复数字的两位数？

教师小结：用 2 个数字，可以组成 2 个没有重复数字的两位数；用 3 个数字，可以组成 6 个没有重复数字的两位数；用 4 个数字，可以组成 12 个没有重复数字的两位数，如果其中一个数字为 0，只能组成 9 个没有重复数字的两位数。

〔思 考〕

课堂小结注重引导学生学会将新知与旧知进行联系沟通，将新知纳入原有的认知结构中同化，逐步完善对搭配问题的认知。

三、巩固练习

1. 请用 1、2、3、6 按要求组成没有重复数字的两位数。

① 一共可以组成多少个这样的两位数？

② 比 20 大的两位数。

③ 个位是单数的两位数。

④ 同桌之间互提一个问题并解决。

〔思 考〕

开展对问题②的教学时，要先让学生猜想，再让学生进行验证，验证后分析原因，为什么只能写 9 个？同理，对问题③的教学也是如此，为什么只能写 6 个？还可以追问：如果只能组成 3 个单数，你有什么方法？如果只能写出双数，你又有什么办法？问题④的教学是非常开放的，一题多用，既能引导学生深入地思考，进一步理解掌握本节课的知识，又能使学生做到举一反三。

2. 一个密码锁，它的密码是由 0、1、2 这 3 个数字设置而成的，请问一共可以设置几个不同的密码？

〔思 考〕

这道题要引导学生在解决问题的过程中，发现有 4 个与 6 个两种不同的答案，主要聚焦012、021是否能组成密码，在比较讨论中发现密码与三位数是不同的，0可以放在首位，从而打破思维定式。

四、总结内化，完善认识

1.总结内化：这节课你学习了什么知识？又有了哪些新的认识？

2.完善认识：今天学习的内容与以前学习的内容有什么区别？你还想学哪些类似的数学问题？

课 例 16　在反复尝试与辨析中体会组合思想
——"组合问题（一）"教学实践与思考

◎ **课前思考**

"组合问题（一）"是学生在学习了简单的"排列问题（一）"的基础上学习的，它为三年级学习"组合问题（二）"做铺垫。组合思想方法在现实生活中应用广泛，它也是学生以后学习概率统计知识的基础，还是发展学生抽象能力和逻辑思维能力的好素材。本节课主要是让学生通过操作、观察、猜测等方法，发现 3 个数字两两求和的组合数，初步渗透组合思想方法，培养学生有序、全面地思考问题的意识，激发探索数学问题的兴趣与欲望，同时积累数学活动的基本经验，感受数学与现实生活的联系。

◎ **教学目标**

1. 经历观察、猜测、操作等活动，探索对简单事物进行组合的基本方法，初步培养有序、全面地思考问题的意识。

2. 通过枚举、对比、辨析，渗透组合思想方法，逐步培养发现问题和解决问题的能力。

3. 感受数学与生活的紧密联系，激发学习数学、探索数学的兴趣，提升应用意识。

◎ **教学重点**

利用所学知识解决组合问题。

◎ **教学难点**

能够区分排列问题和组合问题，并选择合适的方法解决。

◎ **教学过程**

一、复习引入，回忆旧知

师：上节课我们学习了排列，看到这几个数字 4、7、9，你们能提出一个数学问题吗?

生:用它们能组成几个两位数?

师:好的,这个问题你们能回答吗?老师补充一点,要求十位上的数和个位上的数不同。请你快速地写出来。

学生汇报。

生1:有6种,分别是47、49、74、79、94、97。

生2:我也是6种,分别是47、74、49、94、79、97。

生3:我也是6种,分别是74、94、47、97、49、79。

师:同学们真厉害,这3种方法,有什么不一样吗?

生:第一种是固定首位法,第二种是交换位置法,第三种是固定末位法。

师:是的,可以用以上3种方法帮助我们进行有序思考,做到不重复、不遗漏。

◇思◇考◇

组合问题和排列问题的区分是这节课的难点,为此我们要通过复习,帮助学生回忆解决排列问题的一般方法,这样不但为学生解决组合问题搭好支架,同时也为后续学习排列问题与组合问题的对比做好铺垫。

二、探究新知,明晰概念

1.提出问题,猜想结果。

师:现在将这些数两两相加,和有几种不同的情况?谁先来猜猜看?

生1:6种。

生2:4种。

生3:3种。

生4:8种。

…………

师:到底有几种呢?请你们把它们写出来看看。

2.学生操作,验证结果。

教师通过实物投影展示学生作品。

生 1：我是 3 种，分别是 4+7 ＝ 11，4+9 ＝ 13，7+9 ＝ 16。

师：有谁和他的答案不一样？

生 2：我是 6 种，分别是 4+7 ＝ 11，7+4 ＝ 11，4+9 ＝ 13，9+4 ＝ 13，7+9 ＝ 16，9+7 ＝ 16。

生 3：不对，他这里有重复。

师：哪几个结果重复了？

生 3：这里有 2 个 11，2 个 13，2 个 16，11、13、16 都重复了一次，所以只有 3 种结果。

师：是啊，这里问的是和有几种情况，不是问有几个不同的算式，所以一共只有 3 种情况。

3. 对比异同，揭示定义。

师：奇怪，同样是这几个数字，为什么之前有 6 种，现在却只有 3 种呢？

生：因为前面组成两位数，比如说 47 和 74 是不一样的，与顺序有关系。而现在是求和，4+7 和 7+4 的和是一样的，与顺序没关系。

师：你说得真好，像前一节课学的与顺序有关系的我们称为排列问题，而像今天这样的，与顺序没关系的我们称为组合问题。（板书：组合问题）

◇思考◇

猜想与验证是培养学生逻辑思维的良好途径。此处由于受到排列问题的负迁移，大多数学生会猜 6 种，少数学生会猜其他的数。此时就要引导学生进行有序思考，验证自己的猜想。学生会发现，原来确实只有 3 种。在这种验证结果和猜想结果的不一致中，学生自然而然会思考少掉的 3 种在哪里，从而明晰排列问题与组合问题的异同。

三、同类练习，深化理解

1. 排列问题练习。

现在有 3 个人，编号分别为 1、2、3，要选 2 个人坐下来拍照，2 个位置分别是位置 1 和位置 2，请问能拍到几张不一样的照片？

生 1：3 张。

生 2：6 张。

师：到底能拍几张？请快速写下来。

学生在草稿本上书写。

师：结果是 6 张的同学，请汇报你的结果。

生 2：6 张分别是 12、21、13、31、23、32。

生 1：我有不同意见，12 和 21 拍的照片是一样的，都是那 2 个同学。

生 2：不对，不一样。一张照片里他在左边，另一张他在右边，虽然还是那 2 个人，但是位置不同，照片也不同。

师：你说得真好，所以，这一题是什么问题呀？

生：排列问题。

师：是的，拍照与坐的位置有关。

2. 组合问题练习。

师：照片拍好了，这 3 个人要进行握手，他们每两个人之间都要握一次手，请问他们最少要握几次呢？

生 3：6 次。

生 4：3 次。

师：现在请你马上找同学试一下。

学生握手操作。

师：试过之后，你们的答案是什么？

生：3 次。

师：我请一组同学上台演示一下。

3 名学生上台演示握手。

怎样上好常态课

师：看来真的只有3次，为什么不是6次呢？

生：因为A同学和B同学握手了，那么B同学同时也和A同学握手了。握手与顺序无关，是同时完成的。

3.再次辨析排列与组合。

师：通过刚才的2个例子，你现在能区分排列问题和组合问题吗？

生：排列问题就是与顺序有关的，换一下顺序算一种新的情况。

生：组合问题就是与顺序没有关系的，顺序换来换去不影响结果。

师：是啊，区分排列与组合的关键在于是否与顺序有关。（板书：顺序）

4.举例，加深理解。

师：生活中，还有像这样和顺序无关的组合的例子吗？

生1：有，足球队进行小组赛，两两比赛就是组合问题。

生2：还有，拔河比赛，两两班级进行比赛。

…………

◇思◇考◇

辨析排列和组合是本节课的难点。因为我们需要通过不同的实例让学生充分感受两者的不同。该环节的问题情境贴近学生的生活，利用相同的人物做不同的事情，从而产生不同的排列与组合。让学生体会其中细微的差别，感受组合与排列的区别。

四、课堂练习，巩固提升

1.基础练习。

师：请翻开教材（人教版数学二年级上册）第98页，完成"做一做"第二题，并在旁边写上算式。

学生操作，并汇报。

生1：一共是6种，我的算式是2+2+2＝6。

师：你能说出算式的意思吗？

生1：第一个2表示苹果可以和2种蔬菜搭配，以此类推，所以有3

个 2 相加。

生 2：我也是 6 种，但我的算式不同，我是 3+3 = 6。第一个 3 表示芹菜可以和 3 种水果搭配，第二个 3 代表胡萝卜也可以和 3 种水果搭配。

师：如果再加一种蔬菜呢？一共有几种搭配？

生 2：9 种，多一样蔬菜，又可以和 3 种水果搭配一次，所以再加 3。

2. 提高练习。

师：老师这里有 1 张 1 元、1 张 5 元和 1 张 10 元纸币。我把纸币放到口袋里，随意去摸，可能会摸出多少元？

生：3 种，分别是 1+5 = 6（元）、1+10 = 11（元）和 5+10 = 15（元）。

师：还有其他的可能性吗？

生：还可能是 1 元、5 元或 10 元。

师：对呀，有可能只摸出 1 张纸币呢。

生：还可能是 1+5+10 = 16（元）。

◇思◇考◇

该环节的第一题是一道基础练习，但我们可以要求学生写出算式，在不同的算式对比中了解学生的解题思路，也为学生后续学习"组合问题（二）"做好铺垫。而第二题则是一道打破思维定式的开放题。题中没有提到选 2 张人民币进行组合，但学生往往会不自觉地只选 2 张人民币进行组合。在教师的一次次追问中，学生打破了自己的思维枷锁，学会了更加灵活地运用所学知识。

3. 课堂小结。

师：学了这节课你有什么收获？

生：我学习了组合问题，它和排列问题不同，不需要考虑顺序。

…………

课例 17　搭配有"法"，循"序"渐进

——"组合问题（二）"教学实践与思考

◎**课前思考**

　　"组合问题（二）"以简单的排列问题和组合问题为基础，为后续学习较复杂的排列组合问题做好铺垫。组合问题比较枯燥，如何有效地引导学生主动参与到学习中来，是教学成功的关键所在。我选择"2022 年中国女足亚洲杯夺冠"作为教学素材，让学生探究女足小组赛的比赛场次，这样的学习素材紧贴时事新闻，能最大限度地激发学生的学习热情。在教学中，为了帮助学生理解搭配问题，通过摆一摆、画一画、演一演等方式，让学生理解组合问题与排列问题的区别，深入理解解决组合问题的关键，从而提高学生的小组合作、实践探究、解决问题能力，发展推理意识。

◎**教学目标**

　　1. 能采用列举、连线等方法进行排列，初步学会表达解决组合问题的大致过程和结果，找出简单事件的组合数。

　　2. 经历简单事物组合规律的探究过程，进一步提升观察能力和有序思考的能力。

　　3. 培养有序、全面思考问题的意识和习惯，发展推理意识。

◎**教学重点**

　　发现和理解稍复杂的组合规律。

◎**教学难点**

　　能正确区分排列和组合。

◎**教学过程**

　　一、紧贴时事，情境引入

　　出示问题：2022 年，中国女足获得女足亚洲杯总冠军。已知小组比

赛共有 4 支球队：中国、印度、日本、伊朗，每 2 支球队之间踢一场比赛，一共要踢多少场？

学生猜想：4、6、12、8、5。

师：同学们猜想了这么多答案，准备怎么解决这个问题呢？

生 1：算一算。

生 2：画一画。

生 3：演一演。

◇思◇考◇

有时常态课激发不了学生的学习兴趣，原因就在于教学提供的学习素材远离学生的生活。要想提高常态课的教学效果，教师需在学习素材上动心思。我在课中采用"2022 年中国女足亚洲杯夺冠"这一热门事件作为教学素材，既紧贴时事新闻，又抓住了学生的兴趣点。

二、自主探究，辩证思考

1. 活动探究：选择你喜欢的方式验证一共有几场。（提供学具卡片，要求尽量不使用）

学生汇报，答案集中在 6 场和 12 场，排除其他结果。

汇报 12 场。

以中国队为例，分别对战印度队、日本队和伊朗队。因此 1 支球队对战 3 场，$3 \times 4 = 12$。

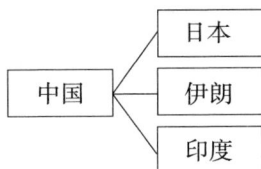

师：请你将每场比赛都摆出来。

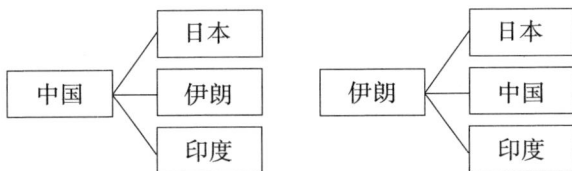

师：请观察一下，你们有什么发现？

生1：我没想周全，有比赛重复了。

生2：这里"中国队—印度队"和"印度队—中国队"是重复的。

师：同学们说12场里有重复，但我觉得"中国队—印度队"和"印度队—中国队"是不一样的啊！例如，12和21就是不一样的。（教师故意误导学生）

生1："中国队—印度队"和"印度队—中国队"都是中国队和印度队之间的比赛。

生2：同一场比赛与顺序无关啊。（板书：与顺序无关）

师：我们一起把重复的比赛去掉，剩下是几场呢？

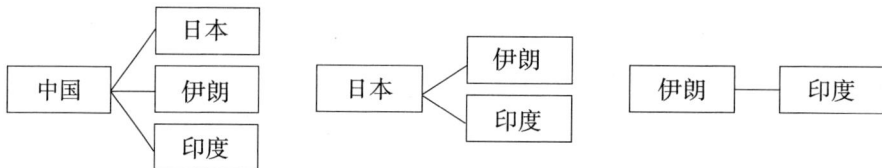

生：6场。

汇报6场。

师：你是怎么得到6场的？

生：$12 \div 2 = 6$。

师：不用学具摆一摆，有别的办法吗？

生1：画图。

生2：编序号，枚举。

教师板演：画图，列式 3+2+1 = 6（场）。

生 3：演一演。

邀请 4 名学生上台分别代表一支球队表演一下，同样得到 6 场比赛。

2. 深入思考：增加一支队伍，一共要比赛几场？

生 1：8 场。

生 2：10 场。

师：请用你们喜欢的方法快速解决。

学生汇报：

生 1：列举法。

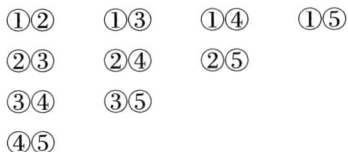

$$4+3+2+1=10（场）$$

生 2：连线法。

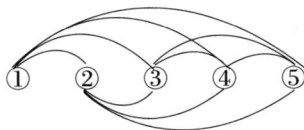

$$4+3+2+1=10（场）$$

师：增加一支队伍，就增加了 4 场比赛，为什么呢？

生：因为新增的球队和前面的 4 支球队都要比 1 场，一共要比 4 场。

师：刚刚我们研究了 4 支球队和 5 支球队的比赛，你认为关键是什么？

生：和顺序无关。

思 考

该环节中关于6场和12场的讨论是关键。为此，我让学生去摆一摆、试一试。当学生将所有情况都摆出来，就会出现"中国队—印度队"和"印度队—中国队"这样的情况，从而发现这样的对战是1场而不是2场。为了强化学生的认知，我以12和21是不同的数为例进行反驳，引导学生得出比赛对战"与顺序无关"这一关键知识，为组合知识的学习扫清障碍。从而使学生意识到今天所学习的组合问题与排列问题有区别，最主要的区别在于顺序。

三、练习巩固，对比辨析

师：生活中，有这样的例子吗？

生1：双拼冰激凌球。

生2：嘉宾握手。

练习1：5个小朋友小A、小B、小C、小D、小E初次见面，每两个人握一次手，一共要握多少次？

练习2：

①从1、2、5、7四个数中，任意选2个数组成没有重复数字的密码，结果有几种可能？

②从1、2、5、7四个数中，任意选2个数相加，和有几种可能？

思 考

第一题是对组合问题的应用和巩固，第二题中的第①题属于排列问题，第②题属于组合问题。通过两题的对比与辨析，让学生理解排列问题是与顺序有关的，顺序的不同会影响结果；而组合问题是与顺序无关的，要将重复的情况排除。这样，在组合问题和排列问题的对比中深化学生对顺序的理解。

四、总结提升，思维拓展

1. 知识回顾：本节课你学到了哪些知识？

2. 思维拓展。

本次中国女足决赛首发 11 人名单：1 号朱钰、3 号王晓雪、6 号张馨、7 号王霜、8 号姚伟、11 号王珊珊、14 号娄佳慧、15 号吴澄舒、16 号姚凌薇、18 号唐佳丽、23 号高晨。如果她们都想两两和奖杯合照，一共要拍多少张照片？

课 例 18　　学科实践：经历韦恩图的再创造过程
　　　　　　　　——"集合"教学实践与思考

◎**课前思考**

　　2022 年版课程标准强调核心素养，力求真正实现从学科到人、从知识到素养的转型，但知识育人的价值并不是自动实现的，需要新型教学方式的支撑。我以数学广角的内容为载体，在学科实践中引导学生像数学家一样思考与实践，经历知识的再创造过程，从而达到学科育人的目的。"集合"一课教学，如何在学生感悟理性知识的同时，聚焦学生核心素养的达成呢？我创设了学生喜欢的亚运会项目真实情境，关注学生的情感体验，让学生经历探究表征的过程，自主构建韦恩图，在解决实际问题的过程中理解集合的思想，获得用数学解决实际问题的经验，以此探索实施学科实践的学习方式，发挥数学学科实践育人的功能。

◎**教学目标**

　　1.经历自主表征、韦恩图的创造过程，理解韦恩图各部分的含义以及集合的意义。

　　2.借助韦恩图的直观作用，利用集合思想方法解决生活实际问题，体会解决问题策略的多样性，培养模型意识和解决问题能力。

　　3.感受数学与生活的相互联系，获得用数学解决实际问题的经验，体会集合思想的价值。

◎**教学重点**

　　理解集合的意义，利用集合的思想方法解决简单的实际问题。

◎**教学难点**

　　经历韦恩图自主构建过程，体会问题解决方法的多样性。

◎ **教学过程**

一、创造情境，引出集合

师：杭州、温州等地举办了第 19 届亚运会，中国什么项目比较强？

生：乒乓球、游泳、跳水……

师：跳水和乒乓球都是中国的强项。接下来我们调查一下，我们班喜欢看跳水比赛和乒乓球比赛的人数。先来调查第一组，请从两个项目中选一个，问到哪一个，喜欢的同学就举手。

教师根据学生举手情况，将调查结果写在相应的项目下面。（以下数字代表学生的学号）

喜欢看跳水比赛的学生：17、1、9、3、6、14、19。

喜欢看乒乓球比赛的学生：28、24、20。

师：谁有办法让别人看得清楚一点？

生：画图。

师：怎么画图最简单？

引导学生将喜欢看跳水比赛的同学用一个圆圈起来，把喜欢看乒乓球比赛的同学用一个圆圈起来。

教师小结：像这样的圆，数学上叫作集合。（板书课题）

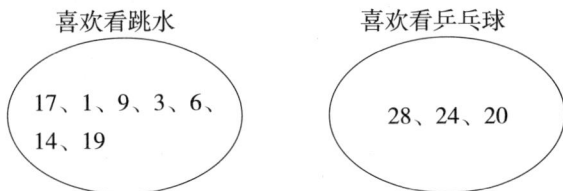

喜欢看跳水　　　　　　　　　喜欢看乒乓球

$$17、1、9、3、6、14、19 \qquad 28、24、20$$

师：你觉得什么是集合？

生 1：集合就是把相同的都放在一起。

生 2：体育课上，体育老师把全班集合起来就是一个集合。

师：全班同学就是一个集合，体育老师把男生集合在一起，那么全体男生就是一个集合。

师：这里有两个集合，一共有几人呢？

生：7+3 = 10（人）。

◇思◇考◇

我紧扣社会热点，就学生熟悉的亚运会项目进行现场调查统计，得出真实数据，将学生置身于真实的、有意义的知识生成和应用的实践场域中，为数学核心素养的发展提供背景支持。接着，让学生自主思考得出把这些对象圈起来，以区别于不同性质的对象这一结论，从而建立集合概念，在说一说什么是集合的活动中，突出对共同性质的本质理解。

二、经历过程，自主构建

1. 提出问题，引发冲突。

师：接下来我们调查第二组，刚才每个同学只能选一项，现在可以选两项。

根据学生举手情况，统计如下：

喜欢看跳水的学生：27、7、16、15、11、29、2、21、13。

喜欢看乒乓球的学生：27、7、5、16、15、11、21。

师：请同学们画图表示刚才的调查结果。

2. 多元表征，逐层构建。

学生独立思考，尝试画图表示。

师：谁愿意上台展示一下作品？（教师把举手学生请上台投影展示）

生1：喜欢看跳水的画一个圆，喜欢看乒乓球的画一个圆，最后再把重复的同学画一个圆。

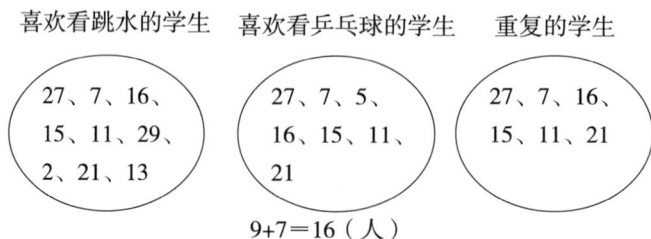

喜欢看跳水的学生　　喜欢看乒乓球的学生　　重复的学生

（27、7、16、15、11、29、2、21、13）　（27、7、5、16、15、11、21）　（27、7、16、15、11、21）

9+7＝16（人）

师：同学们有没有问题问他？

生2：9+7 = 16，但是这个小组没有16个人。

生1：我还没写完，16还要再减6的，减去重复的6个同学，所以是

9+7-6 = 10（人）。

师：他画了3个圆来表示，还有没有更简洁的？

生3：第一幅图表示喜欢看跳水的，第二幅图表示喜欢看乒乓球的，其中有一个人没有重复，把这个人圈出来，所以是9+1 = 10（人）。

喜欢看跳水的学生　　喜欢看乒乓球的学生

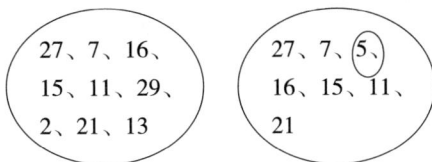

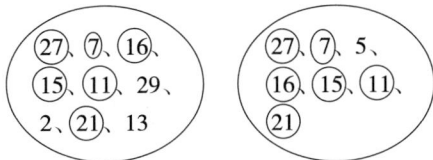

27、7、16、
15、11、29、
2、21、13

27、7、⑤、
16、15、11、
21

9+1＝10（人）

师：他画了几个圆？

生1：2个。

生2：应该是画了2个大圆，1个小圆。

师：2个大圆，1个小圆，合起来也是3个圆，还有不同的想法的吗？

生4：我把重复的同学用一个圈，然后把只喜欢跳水的用一个圆，只喜欢乒乓球的用一个圆。

喜欢看跳水的学生：　27、7、16、15、11、21、　2、29、13
喜欢看乒乓球的学生：　27、7、16、15、11、21、　⑤

师：她的发言有什么值得你特别表扬的？

生：她用了"只喜欢"。

师：她画了1个大圆，还画了2个小圆，其实也是画了3个圆，还有不一样的吗？

生5：我先画2个大圆，再把学号填进去，最后把重复的圈出来。

喜欢看跳水的学生　　喜欢看乒乓球的学生

㉗、⑦、⑯
⑮、⑪、29
2、㉑、13

㉗、⑦、5、
⑯、⑮、⑪
㉑

师：想法很棒！但是一共用了几个圆呢？

生5：2个大圆，12个小圆，合起来一共画了14个圆。

师：挺有想法，但是圆的个数有点多，请同学们继续汇报。

生6：我把只喜欢看跳水的写在左边，只喜欢看乒乓球的写在右边，两个都喜欢的写在中间。

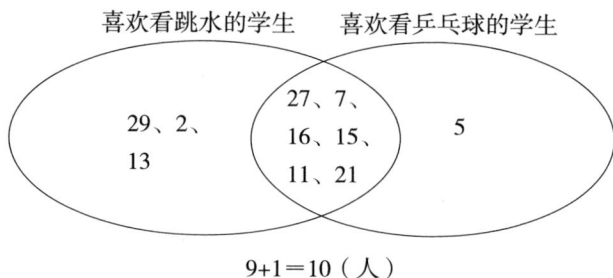

喜欢看跳水的学生　　喜欢看乒乓球的学生

29、2、
13

27、7、
16、15、
11、21

5

9+1＝10（人）

师：请看图提问题。

生1：中间的学号表示什么意思？

生6：中间的表示两项都喜欢的同学。

生2：有没有发现图和等式有点不符合？9在哪里？1在哪里？

生6：9表示喜欢看跳水的人数，1表示只喜欢看乒乓球的人数。

师：你到底用了几个圆？

生6：2个。

师：中间的到底归谁呢？

生6：两边都归。

◇思◇考◇

通过转变调查方式，引出重叠问题，让学生尝试用集合图表示，引发认知冲突，激发学生探究欲望。放手让学生自主尝试多元表征，经历韦恩图的再创造过程。没有预习，学生很难创造出标准的韦恩图，如何从不标准到标准，逐步完善韦恩图呢？通过"谁能用更少的圆来表示"等关键问题，有层次地展示学生作品，在反馈叠加中让学生逐步关注对重复部分的表征方式，感悟交集。整个过程中，我都是让学生上台展示，不管是哪种表达，都对其给予充分的肯定，最后让学生在不知不觉中，自发完善构建了韦恩图，达成思维水平的提升，促进核心素养的发展，深度挖掘学科实践的育人价值。

3. 活动实践，理解重复。

教师拿出课前带来的 2 根绳子，用它们代替集合圈，请第二小组学生上来站到集合圈里。

①喜欢看跳水比赛的学生先上来。（9 个学生站在一个圈内）

②喜欢看乒乓球比赛的学生再上来。（只有 1 个学生站在另一个圈内）

师：你们有问题要提吗？

生：两项都喜欢的同学在哪里？

师：好问题！那么应该怎么办呢？

学生自发交流得出结论：喜欢两项的两个圈都要套。

学生在不断自主调整完善中摆好集合圈。

4. 数形结合，探究算法。

师生一起板书完善韦恩图。

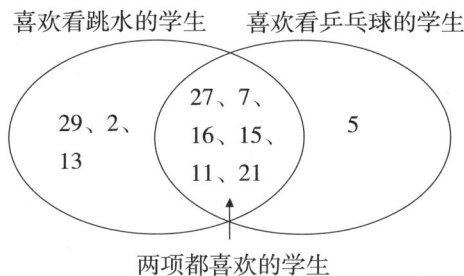

喜欢看跳水的学生　　喜欢看乒乓球的学生

29、2、13　　27、7、16、15、11、21　　5

两项都喜欢的学生

师：结合图说一说它们分别表示的意思。问：求一共多少人，算式该怎么列？

生 1：3+6+1 = 10，3 表示只喜欢看跳水的人数，6 表示两项都喜欢的人数，1 表示只喜欢看乒乓球的人数，把三部分加起来就是总的人数。

生 2：9+7-6 = 10，喜欢看跳水的 9 人加喜欢看乒乓球的 7 人，再减掉重复的 6 人，就是 10 人。

5.观察对比，深化概念。

师：两次调查最大的不同在哪里？

小组交流。

生1：第二次调查有重复的同学，第一次没有重复的同学。

生2：第一次调查的算式只需要用到2个数，第二次调查的算式需要用到3个数。

师：它们有什么相同点？

生：调查的项目都一样，都是用了2个圈。

思考

用实践活动的形式，让学生在站圈游戏中，进一步体会重叠部分，让韦恩图动态化、趣味化。结合图探究集合的不同计算方法，通过数形结合，让学生在图示与算式两种表征之间进行转换，习得集合知识，帮助学生进一步理解集合概念及其关系。对比两种调查方式，实现重叠问题从"A+B"到"A+B−C"的升华。

三、解决问题，拓展延伸

1.第一小组喜欢看跳水比赛的有8人，喜欢看乒乓球比赛的有6人，两项比赛都喜欢看的有4人，这个组一共有几人？

学生直接列式解决：8+6−4 = 10（人）。

2.三（2）班第一小组喜欢看跳水比赛的有10人，喜欢看乒乓球比赛的有6人，这个小组一共有几人？

学生齐答：10+6 = 16（人）。

师：同学们，太不好意思了，老师把两项都喜欢的同学忘掉了，没有写上去，你觉得这个小组有可能是几人？

生：如果是15人，有1人两项都喜欢。

师：如果这个组一共只有10人，图该怎么画呢？

学生尝试画图。

喜欢看跳水的学生　喜欢看乒乓球的学生

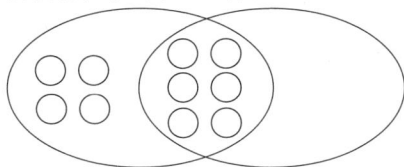

师:(指着右边空白部分)你们觉得这个空白部分有没有必要存在?

生:里面没有人了,没有必要存在了。

师:既然没有必要存在,我们把它去掉或改一改,让这个圈小一点,跑到另一个大圈里面去。

喜欢看跳水的学生　喜欢看乒乓球的学生

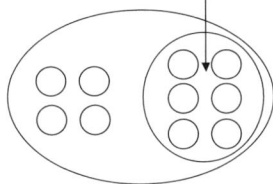

◇思◇考◇

整节课都围绕"喜欢的运动项目"这个真实情境,学生既能利用原有的"加法模型",又能发现"重叠现象",还能呈现"包含关系",体现了集合思想的本质。在课的最后用统一情境一以贯之,巧妙设计了两道有层次的练习。问题从封闭到开放,集合模型从并列到重叠再到包含,让两个集合的所有关系形态得到了系统展现,既生动又深刻,有利于学生集合思想的发展。

四、全课总结,链接文化

师:这节课我们学了什么?

生:集合。

师:集合图来自伟大的数学家韦恩,所以它也叫韦恩图,课后大家可以继续去了解韦恩图。

…………

课 例 19　体验真实情境，感悟统筹思想

——"合理安排时间"教学实践与思考

◎**课前思考**

沏茶问题的本质是合理安排时间，提高做事效率。人教版教材提供的学习素材"沏茶"不够贴切学生的日常生活实际，而且时间概念也是学生触摸不到的。那么创造怎样的学习情境更有利于学生获得切身体验？利用什么方式便于学生理解沏茶问题并感悟优化思想呢？我带着这些思考，设计了"合理安排时间"这节课。创设"从起床到上学，你主要做了哪些事情？"主线，让学生通过身边的真实情境展开学习，再联系沏茶和做饭等生活实际，逐步感悟有序思想，最后借助线段图让时间可视化，帮助学生理解合理安排时间的策略。

◎**教学目标**

1.能正确判断有序事件和无序事件，科学合理安排有序事件，统筹安排无序事件。

2.经历观察、操作、分析、比较、归纳等活动，运用优化策略，培养推理意识，感悟运筹学与数形结合思想方法。

3.感受数学与日常生活之间的联系，提高解决问题能力，发展数学应用意识。

◎**教学重点**

科学合理安排有序事件，统筹安排无序事件。

◎**教学难点**

统筹安排无序事件并选择最优策略。

◎**教学过程**

一、情境引入

1.谈话引入。

教师板书：合理安排时间。

师：今天我们一起来研究合理安排时间，比如，从起床到上学，你主要做了哪些事情？

生1：穿衣服、吃饭、走路上学。

生2：刷牙洗脸、穿衣服、吃饭、走路上学。

生3：穿衣服、刷牙洗脸、背古诗、吃饭、早读、乘车上学。

师：在家早读是一个良好的学习习惯，刷牙洗脸是一个良好的卫生习惯，同学们太棒了！那么做这些事情，你们大约花了多少时间呢？

生1：穿衣服大约2分钟，吃饭大约20分钟，走路上学大约10分钟。

生2：我吃饭比较快一点，大约10分钟，我家离学校近，走路大约只要5分钟，晨读10分钟。

…………

2. 初步感知。

师：早上我采访了小王同学，他7：20起床，主要做了以下几件事情：①刷牙洗脸5分钟；②叠被子3分钟；③乘车上学10分钟；④整理书包3分钟；⑤吃饭10分钟；⑥穿衣服2分钟。小王同学做完这些事情，一共需要多少分钟？请你列式计算。

生1：一共33分钟，我的算式是5+3+10+3+10+2 = 33（分）。

生2：我也是33分钟，但是算式不一样，2+3+5+10+3+10 = 33（分）。

师：有什么相同的地方？

生3：都是33分钟。

生4：都是把全部的时间加起来，所以总时间是一样的。

师：哪里不一样？

生5：第一种方法是按题目的顺序把时间加起来，第二种方法是按做事的顺序把时间加起来。起床后先穿衣服2分钟，再加叠被子3分钟，再加刷牙洗脸5分钟，再加吃饭10分钟，再加整理书包3分钟，最后加乘车上学10分钟，一共33分钟。

生6：对，总不能起床后，做完所有事情，到学校了再穿衣服。（全班学生哄堂大笑）

生7：第二种方法比较合理。（其他学生纷纷点头表示赞同）

师：两个同学都算对了，第二名同学在算总时间的同时还考虑到了做事的顺序。那么，小王同学几点到达学校呢？

生：7：53到校。

思考

利用"起床后主要做了哪几件事情？"这一学生熟悉的生活情境引入，激发了学生的学习兴趣，让学生感受到数学和生活之间的联系，培养学生正确的时间观念和起床晨读等良好习惯。通过让学生思考辨析，初步体会到完成所有事情须具有一定的先后顺序性，为本节课的主要研究对象——合理安排时间打下基础，激发学生主动思考的欲望。

二、探究新知

1. 感受同时做。

师：老师比小王同学起得早，6：20就起床了，不过老师是在学校吃早餐，起床后主要做了以下几件事情：①刷牙洗脸5分钟；②叠被子3分钟；③穿衣服2分钟；④用手机听新闻30分钟；⑤锻炼20分钟；⑥去停车场5分钟；⑦开车上班30分钟。老师完成以上事情，一共需要多少时间呢？

学生理解题意并列式解答。

学生反馈交流（串联汇报）：

师：请汇报一下老师总共用了多少时间。

生1：95分钟！

师：答案是95分钟的同学请举手。（将近一半学生举手）

生2：我的答案是65分钟。

师：答案是65分钟的同学请举手。还有不同的答案吗？（没有学生举手）那么，我们先来研究一下"95分钟"的情况。

生1：我是这样想的，先穿衣服2分钟，再叠被子3分钟，再刷牙洗脸5分钟，再锻炼20分钟，去停车场5分钟，开车上班30分钟，手机听新闻30分钟。一共95分钟。算式是2+3+5+20+5+30+30 = 95（分）。

师：思路很清楚，计算也正确。那么，65分钟可能吗？

生1：不可能。

生2：可能。

生3：可能。

此时，学生跃跃欲试。

师：既然可能，我们来看看。

生2：我是这样想的，先穿衣服2分钟，再叠被子3分钟，再刷牙洗脸5分钟，再锻炼20分钟，去停车场5分钟，开车上班30分钟，在开车的同时用手机听新闻，刚刚好，所以听新闻的时间可以不算，共65分钟，算式是2+3+5+20+5+30 = 65（分）。

师：为什么会少了30分钟呢？

生2：因为"在开车的同时用手机听新闻"，这两件事是可以同时做的，所以少了30分钟。（全班学生掌声鼓励）

生3：我有不同意见，开车时用手机听新闻不安全，我是这样想的：先穿衣服2分钟，再叠被子3分钟，再刷牙洗脸5分钟，再锻炼20分钟，做这些事情正好30分钟，在做这些事情的同时用手机听新闻，接着去停车场5分钟，开车上班30分钟，共65分钟，算式是2+3+5+20+5+30 = 65（分）。

生4：我也认为只需要65分钟，但是我觉得刷牙洗脸、锻炼、去停车场与用手机听新闻可以同时进行。（全班学生再次掌声鼓励）

师：现在有两种方案，95分钟和65分钟，你们觉得这两种方案都可行吗？

生：都可行。

师：你会选择95分钟还是65分钟呢？

生 1：当然选 65 分钟了。

生 2：老师这么忙，当然会合理安排时间，肯定会选 65 分钟。

师：65 分钟里又有三种不同的方法，你觉得哪种更合理呢？

生 3：我觉得后两种方法更合理，虽然驾驶的过程中可以用手机听新闻，而且时间也刚好相同，可以节约时间，但是开车要专心致志，否则不安全。

生 4：我也觉得后两种方法更合理，因为穿衣服、叠被子、刷牙洗脸、锻炼、去停车场与用手机听新闻互不影响。（其余学生纷纷点头表示赞同）

师：同学们很有安全意识，大部分同学选择了 65 分钟，主要原因是有些事情是可以同时做的，所以节省了时间。那么，老师几点到学校呢？

生：7：25 到校。

◇思◇考◇

这个环节主要让学生在不断的分析和比较中感悟有些事情是可以同时做的，初步体会在有序的情况下将无序的事情融入进来同时做，可以节约时间，提高效率。同时渗透安全教育，感受同时做不是一味地、盲目地做，也要讲究科学合理，为进一步研究合理安排时间奠定可靠基础。

2.深入体验合理安排时间的沏茶问题。

师：老师到学校后，先要沏一杯茶喝，你们觉得要做哪些事情呢？

生 1：浇水、沏茶。

生 2：还要接水、找茶叶。

生 3：洗茶杯、洗水壶。

学生发言后，接着呈现沏茶一般要做的 6 道工序，请学生算一算，多长时间后老师能喝上茶？

学生列式解答，反馈交流：

生1：14分钟。我是这样想的，先洗水壶1分钟，再接水1分钟，再烧水8分钟，再找茶叶1分钟，再洗茶杯2分钟，最后沏茶1分钟，合起来14分钟。算式是1+1+8+1+2+1 = 14（分）。

生2：我也是14分钟，但是方法有点不一样，就是找茶叶和洗茶杯的顺序换了一下，合起来14分钟。算式是1+1+8+2+1+1 = 14（分）。

生3：我发现洗茶杯和找茶叶随便放在哪里都可以，不管是先找茶叶还是先洗茶杯都没有关系，不影响沏茶的时间。

生4：我有补充，找茶叶和洗茶杯虽然先后顺序可以换，但是一定要在沏茶前做。（全班学生鼓掌）

师：同学们说得非常好！沏茶这件事除了找茶叶和洗茶杯，剩下的4道工序的顺序是不是也可以随便换呢？

生4：不行，洗水壶、接水、烧水、沏茶这4道工序的顺序是不能换的，换了就沏不成茶了。

师：还有不同的想法吗？

生5：我只用11分钟，先洗水壶1分钟，再接水1分钟，再烧水8分钟，在烧水的同时找茶叶和洗茶杯，最后沏茶1分钟，合起来11分钟。算式是1+1+8+1 = 11（分）。

生6：我也是这么想的，烧水的时候不需要人看着，所以可以去找茶叶和洗茶杯，这样节省了3分钟。

师：好主意，能不能再节省点时间呢？

生：不行了，洗水壶、接水、烧水、沏茶这4道工序的顺序不能变，所以不能同时做，也就不能再节省了，11分钟已经是最少的了。

师：沏茶这件事里面也藏着这么多的数学奥秘，一是有序才合理，二是能同时做尽量同时做才省时。

◇思◇考◇

合理安排时间的两个重要因素，一是有序才合理，二是能同时做尽量同时做才省时。但也不是一蹴而就的，要让学生在充分感悟的基础上概括和总结。同样是14分钟，发现找茶叶和洗茶杯放在沏茶前的任何时候都可以，这为同时做提供了可能，而洗水壶、接水、烧水、沏茶这4道工序是有序的，不能换，强调了合理性，在烧水的8分钟里不需要人看着，这就可以腾出手来干其他事情，为节约时间提供了可能，让学生感悟到无序地找茶叶和洗茶杯正好可以在烧水的8分钟内完成，所以总体上节约了3分钟。从而进一步体会应如何科学合理安排有序事件，统筹安排无序事件。

三、巩固提高

1. 基本练习。

洗电饭锅	1分钟
烧茄子	5分钟
煮饭	30分钟
淘米	1分钟
烧鱼	12分钟
烧汤	7分钟

家里来客人了，怎样才能尽快让客人吃上饭？

师：怎样才能让客人尽快吃上饭？你有什么好办法？

生1：32分钟。先洗电饭锅1分钟，再淘米1分钟，最后煮饭30分钟。在煮饭的时候烧茄子、烧鱼和烧汤。算式是1+1+30 = 32（分）。

生2：我也是这么想的，煮饭30分钟，烧茄子5分钟、烧鱼12分钟、烧汤7分钟合起来才24分钟，不到30分钟，所以，这24分钟可以节省下来。

师：如果我们用线段图来表示这段时间，该怎么表示呢？

在学生充分讨论后，教师在黑板上演示。

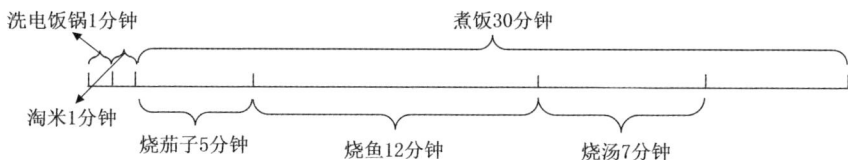

2. 综合练习。

师：如果增加下列中的一道工序，总共需要多少时间呢？

炒青菜 3 分钟，盛饭 3 分钟，炒糖醋排骨 10 分钟。

学生独立思考、操作后交流。

反馈增加炒青菜后需要的时间。

生 1：还是 32 分钟，因为烧茄子 5 分钟、烧鱼 12 分钟、烧汤 7 分钟合起来才 24 分钟，再加上炒青菜 3 分钟，一共才 27 分钟，不到 30 分钟，所以，这 27 分钟可以节省下来。算式是 1+1+30 ＝ 32（分）。（其余学生纷纷点头表示赞同）

学生在线段图中，补上"炒青菜 3 分钟"。

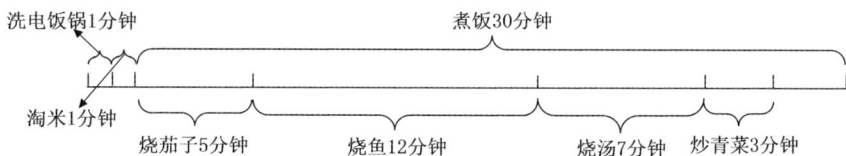

反馈增加盛饭后需要的时间。

生 1：还是 32 分钟，因为烧茄子 5 分钟、烧鱼 12 分钟、烧汤 7 分钟合起来才 24 分钟，再加上盛饭 3 分钟，一共 27 分钟，不到 30 分钟，所以，这 27 分钟可以节省下来。算式是 1+1+30 ＝ 32（分）。

生 2：盛饭要在煮饭之后，不能在煮饭时盛饭，所以一共需要 35 分钟。算式是 1+1+30+3 ＝ 35（分）。（学生们纷纷对生 2 竖起大拇指）

师：看来在考虑能同时做、尽量同时做的时候，也要考虑事件的顺序性和可行性。你能用线段图来表示说明吗？

学生板演，补上"盛饭 3 分钟"。

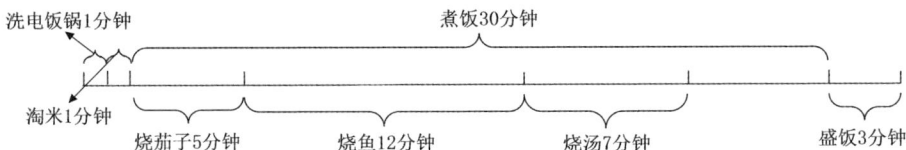

反馈增加炒糖醋排骨后需要的时间。

生 1：还是 32 分钟，都可以在煮饭的时候同时做。

生 2：我反对，没法一起啊！烧茄子 5 分钟、烧鱼 12 分钟、烧汤 7 分钟、炒糖醋排骨 10 分钟，加起来一共 34 分钟，超过了煮饭的 30 分钟。

生 3：刚才已经用了 32 分钟了，再加上炒糖醋排骨需要 10 分钟，一共需要 42 分钟。

生 4：我认为只需要 36 分钟，因为在原来的 32 分钟里，煮饭还有 6 分钟空余时间可以利用，炒糖醋排骨需要 10 分钟，还需要增加 4 分钟。所以，算式是 1+1+30+4 = 36（分）。

生 5：我赞同 36 分钟，洗电饭锅 1 分钟，淘米 1 分钟不变，剩下的烧茄子 5 分钟、烧鱼 12 分钟、烧汤 7 分钟、炒糖醋排骨 10 分钟，一共 34 分钟，而在这 34 分钟里可以煮饭，所以煮饭 30 分钟可以节省，算式：1+1+5+12+7+10 = 36（分）。

师：太棒了！请在线段图上表示出来。

学生板演，补上"炒糖醋排骨 10 分钟"。

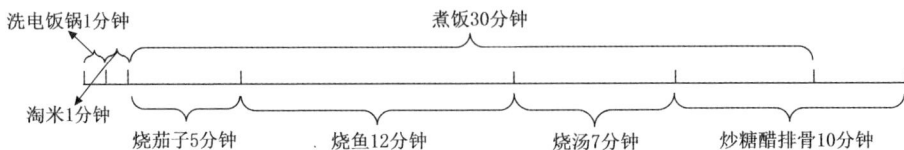

◇思◇考◇

以贴近学生生活的煮饭问题作为拓展，分4个层次不断突破学生的思维局限，让学生在充分理解情境的前提下自主思考如何才能最大化地合理安排、节省时间，通过小组合作互动优化最佳方案，有助于促进学生逻辑思维能力的发展。通过线段图表征，为学生可视化理解合理安排时间提供了载体。

四、总结提升

1. 全课总结。

2. 介绍数学文化：华罗庚优选法（略）。

◇思◇考◇

在课尾介绍我国著名的数学家华罗庚，为渗透中国文化、增强文化自信提供了良好素材，让学生更深入地体会到合理安排时间的有效性、有用性。

课例20 设疑问难，激活思维
——"烙饼问题"教学实践与思考

◎**课前思考**

"烙饼问题"一课，主要让学生体会优化思想。之前，学生已经学习了沏茶问题，学生已有在多种解决策略中探寻最优策略的活动经验。人教版教材的例题安排了一家三口吃饼的情境，妈妈要烙 3 张饼，且每张饼的两面都要烙，每面要 3 分钟，怎样才能尽快地吃到饼？即烙饼时怎样合理安排最节省时间，让学生体会在解决问题中优化思想的应用。烙3 张饼需要 12 分钟，学生不难理解，如果要求 9 分钟烙完 3 张饼，学生却不容易理解。由于一个锅能同时烙 2 张饼，所以饼的张数为奇数的，学生也难理解，如烙 5 张饼、7 张饼等。因此，我在教学过程中不断设疑问难，不断地呈现学生的想法和问题，引导学生在比较分析中理解最优的烙饼方法。同时，引导学生以直观形象的操作去探究烙饼问题，把图示直观简明的优势完整地展示出来，为学生正确理解烙饼方法提供了操作层面的支撑，既渗透了统筹优化思想，又发展了学生的推理能力。

◎**教学目标**

1. 理解、掌握快速烙饼的方法，并能正确计算烙饼时间。

2. 经历动手操作、分析比较等探究过程，渗透统筹优化思想，培养推理能力。

3. 体验数学与生活之间的密切联系，发展数学应用意识与创新意识。

◎**教学重点**

掌握快速烙饼的方法并能正确计算所需总时间。

◎**教学难点**

理解快速烙饼的方法。

◎**教学过程**

一、情境引入，初步研究

1. 明确要求。

师：这是永嘉特产——王大妈麦饼，有同学吃过吗？（课件呈现麦饼图片）

师：这节课我们从数学的角度研究烙饼所需要的时间问题。王大妈烙饼不太讲究，而数学课上烙饼是很讲究的，要求王大妈规范地烙饼。要求：两面都烙，每面都要烙 3 分钟，一次最多能烙 2 张饼。怎样才能让顾客尽快地吃上饼？

师：尽快地吃上饼是什么意思？

生：要求烙饼时间最少。

2. 研究烙一张饼所需要的时间。

师：如果就烙 1 张饼，需要多少时间？怎么烙？

生：正面烙 1 次 3 分钟，反面烙 1 次 3 分钟，一共需要 6 分钟。

师：为了研究方便，我们记录一下。

第 1 次	正
第 2 次	反
所需时间	6 分钟

3. 研究烙多张饼所需要的时间。

师：如果饼的张数增加，比如，烙 2、3、4、5、6 张饼，需要多少时间呢？请用小圆片代替所要烙的饼，在桌面上模拟烙一烙，并算出所需要的时间。

学生活动，记录所需时间并填入表格中，并汇报。

饼的张数	所需时间 / 分
1	6
2	6
3	9、12
4	12
5	15、18
6	18

师：仔细观察，你有什么发现？

生：饼的张数是偶数的，所需的时间都一样，饼的张数是奇数的，所需的时间不一样。

师：既然饼的张数是偶数，大家烙的时间都相同。那么，我们先简单地研究一下烙法。请问烙 2 张饼，需要 6 分钟，怎么烙的？

生：先烙 2 张饼的正面 3 分钟，再烙 2 张饼的反面 3 分钟，一共需要 6 分钟。

师：为什么烙 2 张饼与烙 1 张饼都只需要 6 分钟呢？

生 1：因为烙 1 张饼，锅的另一边是空着的；烙 2 张饼，锅是满着的。

生 2：烙 2 张饼时，充分利用了锅，这样更省时。（板书：充分利用、省时）

师：4 张饼、6 张饼又是怎么烙的？

生：先烙 2 张饼要 6 分钟，再烙 2 张饼要 6 分钟，所以烙 4 张饼要 12 分钟；如果再烙 2 张饼，再增加 6 分钟，所以烙 6 张饼一共需要 18 分钟。（全班学生赞同）

师：如果烙 10 张饼呢？

生：烙 2 张饼要 6 分钟，烙 5 次，需要 30 分钟。

师：非常棒！掌声鼓励！

◇思◇考◇

用生活情境引出烙饼问题，有助于激发学生的学习兴趣与探究欲望，为烙饼问题教学的展开奠定基础。就烙饼问题的教学而言，研究烙 1 张饼、2 张饼的教学，是烙饼问题教学的基础，能够让学生意识到虽然烙 1 张饼和 2 张饼在数量上有区别，但是最终所需时间是一样的，原因在于 2 张饼可以一起烙，让学生意识到烙饼要做到"充分利用"和"省时"。显然，这种优化的烙饼方法，为接下来深入研究 2 张以上的饼的烙法埋下伏笔。

二、深入研究，掌握方法

1.研究快速烙饼法。

师：烙 3 张饼，有的学生需要 12 分钟，有的学生需要 9 分钟，到底需要多少时间呢？

生 1：先烙 2 张饼，需要 6 分钟；再烙 1 张也需要 6 分钟，一共需要 12 分钟。（多数学生赞同）

师：你们觉得 9 分钟能烙好吗？

生 1：不可能！

生 2：可能！

先让认为可能的学生离开座位与认为不可能的学生一起研究；当全班大多数学生认为可能时，再展示汇报。

师：接下来，请认为可能的同学烙给大家看看。

生 2：先烙①号、②号饼的正面，再烙①号饼的反面和③号饼的正面，最后烙②号、③号饼的反面。

	①	②	③
第 1 次	正	正	
第 2 次	反		正
第 3 次		反	反
所需时间	9 分钟		

生 3：3 张饼一共有 6 个面，每次烙两个面，只要烙 3 次就可以了，3×3=9（分）。

这种方法学生不易理解，多请几名学生动手烙一烙，再让会烙的学生教不会烙的学生。

师：比较烙 3 张饼的两种方案，不同在哪里？

生 4：第一种方法，烙第 3 张饼时，锅里只有 1 张饼，锅的另一边是空着的；第二种方法，锅里始终放着 2 张饼，锅是满着的。

生 5：第一种方法，需要烙 4 次；第二种方法，只需要烙 3 次。

生 6：第一种方法需要 12 分钟，第二种方法只需要 9 分钟。

师：太棒了！我们将锅充分利用，不让它空着，所以只需要 9 分钟就可以了，请给这种巧妙的烙法取个名字。

生 1：巧妙烙饼法。

生 2：省时烙饼法。

生 3：满锅烙饼法。

生 4：快速烙饼法。

生 5：交替烙饼法。

…………

师：这些方法都很好！我们暂且叫它交替烙饼法。

2. 继续研究。

师：烙 5 张饼到底需要多少时间？ 15 分钟还是 18 分钟呢？

同桌互相讨论，交流汇报。

生 1：只需要 15 分钟，先烙 2 张饼需要 6 分钟，再烙 3 张饼需要 9 分钟。

生 2：先用交替烙饼法烙 3 张饼，需要 9 分钟，再烙 2 张饼需要 6 分钟，一共需要 15 分钟。

师：非常棒！直接把交替烙饼法用上了。那么，烙 7 张饼需要多少时间呢？

生 3：先烙 2 张饼需要 6 分钟，再烙 2 张饼需要 6 分钟，最后再烙 3 张饼需要 9 分钟，一共需要 21 分钟。

生 4：先烙 3 张饼需要 9 分钟，再烙 4 张饼需要 12 分钟，一共需要 21 分钟。

3. 概括单数烙饼法。

师：谁能概括一下单数张饼的烙法？

生 1：先 2 张 2 张地烙，最后烙 3 张。

生2：先烙3张，剩下的2张2张地烙。

生3：我还发现只要将饼的个数乘3，就等于烙饼所需的总时间。

师：为什么？

生3：不管几张饼，每次烙2个面，相当于烙1张饼，时间只要3分钟，因此，饼有几张，就有几个3。（全班同学掌声鼓励）

师：饼的张数乘一个面烙的时间（饼的张数至少为2），这样就能充分利用资源与空间，节省时间。还有其他方法吗？

生4：饼的张数乘2，再除以2，再乘烙一面的时间。

◇思◇考

3张饼的烙法是烙饼问题中的难点和重点，学生只有真正理解了3张饼的烙法，4张及以上饼的探究才能真正展开。仔细剖析3张饼的烙法，教学难点是要交替进行烙饼，学生一般想不到这样的方法。为了突破这一教学难点，除了让学生用学具摆一摆，教师还要学会等待，放慢脚步，多停留一会儿，让学生有更多的时间去操作与体验。我让学生同伴互助且在多种方法的对比优化中感受烙法的巧妙，初步体验优选法，为后续烙法的研究奠定基础。

三、拓展变式，巩固提升

1.烙1张饼，2个面都烙，每面都要烙3分钟，烙好这张饼只需要6分钟。烙饼时间能否再少一些呢？

生1：不行，最少也要6分钟。

生2：行的，只要将1张饼切成2个面，一次烙完。

生3：我反对，将1张饼切成2个面后，里面的馅都掉出来了，已经不成1个饼了，这种方法不行。（学生哈哈大笑）

师：还有办法吗？

生4：没有了。（多数学生赞同，以为老师在误导他们）

生5：我觉得可以用双面烙锅烙饼，将锅打开，将饼放进去，盖上盖子，3分钟后将两面烙好。

学生回答，教师在课件上呈现双面烙锅图片，学生再次哈哈大笑。

师：太棒了！随着科学技术越来越发达，烙饼的工具也在不断地改进，用双面烙锅确实可以省时。那么，还有更省时的烙饼方法吗？

生：我们可以将锅做得大一些，同时可以烙很多张饼。

师：打开研究思路了，老师为你们点赞。

2. 烙 1 张饼，2 个面都烙，每面都要烙 3 分钟，一个锅一次同时能烙 4 张饼。烙 8 张饼至少需要多少时间？

生 1：4 张 4 张地烙，只需要烙 4 次，一共 12 分钟。

生 2：烙 8 张饼，需要烙 16 个面，每次烙 4 个面，只需要烙 4 次就可以了，一共需要 12 分钟。

师：如果像刚才一样，一个锅一次只能烙 2 张，则一共需要多少时间？

生：24 分钟。

师：同学们，锅大了确实可以省时。

3. 复印 3 张文字资料，正、反面都要复印。如果一次最多复印 2 张，那么最少要复印多少次？怎样安排？

生：3 次，跟烙饼一样，先复印①②正面；再复印①反面、③正面；最后复印②③反面。

◇ 思 考

学生发现烙饼的规律后，引导其深入思考：烙一张饼要6分钟，时间能否少一点？显然这个有创意的问题能逼迫学生进行深度思考，不断地突破已有的认识，克服思维定式，促进学生数学思维的发展；同时打开学生的思路，让学生继续寻找省时的烙饼方法，即将锅做得大一些，以此实现省时的目的。数学广角的教学，旨在拓展学生解决问题的思路，教师在教学中要有意识地培养学生的数学思维。当然，烙饼问题不仅仅是烙饼，教师还要引导学生拓展情境，第3题属于烙饼问题，但情境不是烙饼，二者方法相同，这样既能让学生巩固新知，又可以帮助学生学会举一反三。

四、总结内化，渗透文化

1. 总结内化：这节课你学到了什么？受到了什么启发？

生 1：学到了快速烙饼法。

生 2：要充分利用好资源，才能省时，提高效率。

…………

2. 渗透文化：华罗庚（1910—1985）被誉为"人民的数学家"，他是中华人民共和国数学研究事业的创始人，也是世界上最有影响力的中国数学家之一。1958 年，华罗庚开始研究把优选法和统筹学应用到工农业生产中，为我国创造了巨大的物质财富和经济效益。

◇ 思 考

全课总结时将新知纳入原有的认知结构中，同化后，再简单介绍优选法和统筹学，使学生认识到优化思想在生活和生产中有着广泛的应用，从而体验到数学生活化、生活数学化，意识到数学很有用，进一步激发学生学习数学的兴趣，为学生数学核心素养的发展孕育条件。

课例21 关注文化，指向学生素养生长的"博弈"

——"田忌赛马"教学实践与思考

◎**课前思考**

田忌赛马家喻户晓，历来被认为是最古老、最生动、最成功的对策选择范例。人教版教材以此为载体，渗透博弈论的全局观与取舍策略，在对抗竞争中寻求最优对策。教材呈现了两个表格，表一的作用是让学生回顾田忌赛马的故事，明确田忌所用的策略；表二则是让学生从数学的角度去理解田忌共有多少种可采用的应对策略，体会对策论的重要性。

我先采用学生熟悉的扑克牌作为学习材料开展研究活动。两副扑克牌恰似齐威王和田忌双方的赛马，牌点的大小与马匹的奔跑能力十分吻合（红桃10、7、4和黑桃9、6、3分别相当于双方上、中、下三个等级的马匹）。因此，可先玩扑克游戏再适时引入田忌赛马的故事。但是，该情境缺乏一点历史真实感，缺少一点"文化味"。如何使本节课教学兼具优秀传统文化和数学味，成为我思考的方向。基于以上思考，我仍然以田忌赛马的故事导入，让学生在具体的情境中寻找田忌赢的策略，明确田忌赢的可能性为$\frac{1}{6}$，再以数的大小作为马匹的奔跑能力进行研究，使数学味更浓。

◎**教学目标**

1.在列举、比较等活动中，感悟"以弱胜强"的最优策略，并能正确地运用该策略解决相关问题。

2.经历运用数学方法分析事件、寻求最优策略的过程，提高发现问题、提出问题、分析问题与解决问题的能力。

3.感受古人解决问题的智慧，体验游戏中的乐趣。

◎**教学重点**

感悟"以弱胜强"的最优策略，并能正确地运用该策略解决相关问题。

◎**教学难点**

归纳总结"以弱胜强"策略的基本条件。

◎**教学过程**

一、故事引入，激发兴趣

教师板书：博弈。

师：看到这两个字，你们有什么要问的吗？

生1：博弈是什么意思？

生2：为什么要学博弈？

生3：博弈最早是指下围棋。

生4：博弈就是对弈，是指两个人一起下棋。

师：是啊！博弈是指在一定的规则下，做出有利于自己的决策。这节课就从发生在两千多年前的故事开始。（板书：田忌赛马）

师：看到课题"田忌赛马"，你们有什么问题要提吗？

生1：田忌是谁？他要与谁赛马？

生2：田忌赛马的结果是什么？

师：谁知道田忌赛马这个故事？

指名学生分享。（学生只讲到齐威王有上、中、下三匹马，田忌也有上、中、下三匹马，但实力比齐威王逊色一点）

师：你知道田忌为什么跟齐威王赛马会一直输吗？（关键问题一）

生：田忌用自己的上等马跟齐威王的上等马比，用自己的中等马跟齐威王的中等马比，用自己的下等马跟齐威王的下等马比，结果都输了。

	第1局	第2局	第3局	田忌胜负情况
齐威王	上	中	下	/
田忌	上	中	下	3负

◇思◇考◇

在教学中，只允许学生将故事讲到齐威王有上、中、下三匹马，田忌也有上、中、下三匹马，但实力比齐威王的马逊色一点，这是为什么呢？因为田忌赛马的故事脍炙人口，部分学生在课外读物中已经接触了，对军师孙膑的取胜策略可谓一清二楚，如果讲完故事，学生就没有新奇感了，也没有探究的欲望与学习需求了。

二、探索新知，明晰策略

1. 改变顺序：初步明晰田忌赢的出马顺序。

师：如果你是田忌，你有办法赢吗？（关键问题二）

同桌合作研究，再交流汇报。

生 1：用田忌的下等马对齐威王的上等马，田忌的中等马对齐威王的下等马，田忌的上等马对齐威王的中等马，这样 2 胜 1 负，田忌胜。

生 2：用田忌的上等马对齐威王的中等马，田忌的中等马对齐威王的下等马，田忌的下等马对齐威王的上等马。

教师板书：齐下—田中，齐中—田上，齐上—田下。

	第 1 局	第 2 局	第 3 局	田忌胜负情况
齐威王	上	中	下	/
田忌①	上	中	下	3 负
田忌②	下	上	中	2 胜 1 负

师：刚才你们做了什么事情，田忌怎么就赢了？

生：我们改变了出马的顺序。（板书：改变顺序）

2. 有序列举：探索田忌出马的所有顺序。

师：学到这里，你们还有什么问题要提吗？

生 1：田忌还有没有其他策略？

生 2：齐威王出马顺序不能变吗？

师：好问题！我们先解决第一个问题，如果齐威王出马顺序不变，田忌还有其他策略吗？有没有赢的可能？请同学们填写表格。

	第1局	第2局	第3局	田忌胜负情况
齐威王	上	中	下	/
田忌①	上	中	下	3负
田忌②	下	上	中	2胜1负
田忌③				
田忌④				
田忌⑤				
田忌⑥				
田忌⑦				

学生独立完成，汇报作品。

	第1局	第2局	第3局	田忌胜负情况
齐威王	上	中	下	/
田忌①	上	中	下	3负
田忌②	下	上	中	2胜1负
田忌③	上	下	中	1胜2负
田忌④	中	上	下	1胜2负
田忌⑤	中	下	上	1胜2负
田忌⑥	下	中	上	1胜2负
田忌⑦				

师：田忌有没有第7种出马顺序呢？（关键问题三）

生1：3匹马可以用1、2、3表示，只能组成6个不同的三位数。

生2：先考虑1在百位，有123、132两个数，依次思考，共有6种情况。田忌出马顺序也是这样的，只能上中下、上下中、中上下、中下上、下上中、下中上。

师：我们只要有序思考，就能够把所有情况不遗漏、不重复地罗列出来。那么，在这 6 种出马策略中，有几种田忌会赢？

生：只有 1 种田忌会赢，也就是下、上、中。

师：田忌赢的可能性有多大？

生：当齐威王出马顺序为上、中、下时，田忌有 6 种出马顺序，但赢的情况只有一种，所以田忌赢的可能性有 $\frac{1}{6}$，输的可能性有 $\frac{5}{6}$。

3. 换位思考：不管齐威王的出马顺序如何，田忌都有可能赢。

师：现在我们来解决第二个问题，齐威王还有其他出马顺序吗？如果齐威王的出马顺序换了，田忌还有可能赢吗？

学生交流讨论之后，教师扮演齐威王，改变出马顺序；学生扮演田忌，出示对策。

师生共玩了三场，相应策略如下。

策略①

	第 1 局	第 2 局	第 3 局	田忌胜负情况
齐威王	上	下	中	/
田忌	下	中	上	2 胜 1 负

策略②

	第 1 局	第 2 局	第 3 局	田忌胜负情况
齐威王	中	上	下	/
田忌	上	下	中	2 胜 1 负

策略③

	第 1 局	第 2 局	第 3 局	田忌胜负情况
齐威王	下	上	中	/
田忌	中	下	上	2 胜 1 负

师：在刚才的活动中，你发现有什么共同的规律吗？

生：不管齐威王怎么出马，田忌都是下等马对齐威王的上等马，中等马对齐威王的下等马，上等马对齐威王的中等马。要想以弱胜强，田忌必须用最弱的马对对方最强的马。

教师小结：齐威王也有 6 种出马的顺序，不管哪种，田忌赢的可能性都为 $\frac{1}{6}$。

◇思◇考◇

让齐威王和田忌处于平等的策略对抗地位，两人都可以自由选择对方赛马的出场顺序，这时的"田忌赛马"才构成了一个博弈问题。让学生认识到问题解决策略的多样性，学会列举、分类、筛选等数学方法，形成寻找解决问题最优方案的意识。

4.以数代马：用数字代表马匹奔跑能力，感受田忌赛马的实力相当策略。

师：如果齐威王的上、中、下三匹马的奔跑能力分别用数字 9、7、5 表示，你觉得田忌的三匹马的奔跑能力可以用什么数表示，小组讨论一下。

生 1：8、6、4。

生 2：8、6、3。

生 3：8、6、2。

生 4：8、6、1。

生 5：7、6、5。

生 6：7、6、3；7、6、2；7、6、1。

生 7：6、5、4；6、5、3；6、5、2；6、5、1。

…………

师：是不是都可以呢？请同学们讨论辨析。

生 1：前面 4 种都可以，后面几种都不行。如 7、6、5，按照刚才的方法，5—9，6—5，7—7，这样田忌 1 负 1 胜 1 平，平局；如 6、5、4，4—9，6—7，5—5，这样田忌与齐威力的马实力相差太大，田忌赢不了。后面几种就更不行了。

生 2：田忌需要有 2 匹马的奔跑能力比齐威王的马强才可以。

学生讨论得出结论：田忌需要2匹马的奔跑能力比齐威王的马强才可以，也就是（8、6、4）（8、6、3）（8、6、2）（8、6、1）几组数符合要求。

5. 互动玩牌：感受田忌赛马的后出策略。

师生互动玩"田忌赛马"2局。

教师充当齐威王（9、7、5为齐威王3匹马的奔跑能力），指名学生上台扮演田忌（8、6、4为田忌3匹马的奔跑能力）。

第一局，学生先出牌，学生输了。

教师故作疑惑：不是说田忌可以赢吗？怎么输了？

第二局，教师先出牌，学生赢了。

师生小结：田忌需要后出才能赢。

◇思◇考◇

在齐威王的上、中、下这种固定不变的出马顺序的前提下，田忌有6种出马对策，但他所使用的方法只有一种是可以获胜的。也就是说，田忌有可能赢，但赢的可能性只有$\frac{1}{6}$，输的可能性却是$\frac{5}{6}$。田忌若要赢得比赛，就要知道齐威王是怎么出马的。但是这一规律，我们不能直接告知，而是要让学生在形象生动的比赛中感悟到。

6. 师生抽牌：感受本质，提升思维。

教师和学生同时抽3张牌，比大小，看看谁会赢。

先呈现学生的3张牌，如9、5、3；再呈现教师的2张牌，如4、2。

师：老师第三张牌抽到几，才有可能赢？最小抽到几？

生：因为需要2张牌比对方大，因此第三张牌只要比5大就可以，最小是6。

师：如果老师先抽的两张牌是10、11，结果会怎样？

生：老师肯定能赢，你们的实力相差太大了。

7. 德育渗透：感受数学文化，立德树人。

师：博弈论也是华罗庚提出的运筹学的一部分。在现实生活中，存在很多博弈关系，如中美博弈，只有我们的实力更加强大才能在博弈中取得更多胜利，希望同学们努力学习，让我们国家变得更加强大。

三、课堂练习，拓展延伸

抢数游戏：抢 9 游戏。

规则：从 1 开始，两人轮流报数，每次只能报 1 个或者 2 个数，谁先报到 9，谁赢。

〈思 考〉

抢 9 游戏很简单，旨在让学生感受博弈论在日常生活中的广泛应用，培养学生详细分析、缜密思考的思维品质。尝试用数学的方法来解决实际生活中的简单问题，初步形成应用意识和解决实际问题的能力。

四、课堂总结（略）

"植"模型之树，"悟"数学思想

——"植树问题"教学实践与思考

◎ **课前思考**

人教版教材编排了 3 个例题研究植树问题，例 1 是研究在小路边上植树（两端都要种），例 2 是研究在小路两旁植树（两端都不种），例 3 是研究在圆形池塘周围植树。教材采取的是小步子教学，植树问题 3 种类型 3 个课时。这样的编排有利于学生在单位时间里迅速、牢固地掌握某一种模型中棵数与段数之间的关系，而且难度逐步提升，符合知识教学的逻辑序列。然而当学生遇到植树问题时，常常会问：这道题是两端都种还是只种一端，或者是两端都不种呢？而且学生不理解"只种一端"和"两端都不种"的原因。为此，我对教材进行结构化整合，将例 1 和例 2 整合在一起进行教学，借助数形结合、一一对应思想，使学生掌握"点数与段数之间的关系"数学模型，形成结构化认识。

◎ **教学目标**

1. 掌握植树问题的结构特征和数量关系，并能正确解答植树问题。

2. 借助实物图、线段图等多元表征的方式，感悟数形结合、一一对应等数学思想方法，建立植树问题模型并体会其内涵。

3. 应用植树问题模型解决实际问题，提高解决问题能力，发展应用意识。

◎ **教学重点**

掌握植树问题的结构特征和数量关系，并能正确解答植树问题。

◎ **教学难点**

联系生活实际理解"只种一端""两端都不种"的道理。

◎**教学过程**

一、揭示课题，提出问题

1. 揭示课题并板书。

2. 看课题提问题。

生 1：植树中有哪些数学问题？

生 2：怎样解答植树问题？

生 3：植树问题跟什么相关？

…………

师：这节课我们就从数学的角度去研究植树问题。

◇思◇考◇

开门见山，揭示课题，引发学生质疑提问，旨在培养学生的问题意识，聚焦本节课的学习任务。

二、自主探究，构建模型

1. 一条路长 20 m，在它的一旁种树，每隔 5 m 种一棵，可以种几棵树？

师：请看题目，自己读一读，说一说你找到了哪些有用的数学信息，要解决的数学问题是什么？

生 1：小路长 20 m，每隔 5 m 种 1 棵。

生 2：在小路的一旁种树。

生 3：要解决的问题是"可以种几棵树"。

师："一旁种树"是什么意思？

生：小路有两边，只要在一边种就可以了。

师：怎么理解每隔 5 m 种一棵？

生 1：就是两棵树之间的距离是 5 m。

生 2：先种一棵树，隔 5 m 再种一棵树。

师：那么，按照这样的要求，可以种几棵树？

生 1：5 棵。

生 2：4 棵。

师：有什么办法验证自己的答案呢？

生：我们可以画图研究。

师：请同学们在草稿纸上把自己的想法画下来。但是，在画图之前要思考怎样画，像美术课一样，画几棵很漂亮的树，好吗？

生：只要画一条竖着的线，它就可以表示成树了。

师：好办法，掌声鼓励一下。

◇ 思 考

逐步引导学生挖掘解决植树问题所用到的条件，培养收集信息、处理信息的能力，为学生建立问题情境表象，为之后的学习打下基础。数学建模的重要过程之一就是从具体的生活情境中抽象出数学问题，充分利用学生画的线段图让学生将关注的焦点集中在数学范畴，使之后的教学更具有针对性。

2. 反馈交流，质疑问难。

师：你们画了几棵树呢？

生 1：5 棵。

生 2：4 棵。

师：画 5 棵的同学请举手。（大部分学生画 5 棵）

师：画 4 棵的同学请举手。（全班只有 2 名学生画了 4 棵）

①探讨两端都种的情况。

师：5 棵是怎么种的？谁愿意上来种一种？

教师从口袋里拿出树模型，学生甚是惊喜！学生把这些树种在"长 20 m"的路的一旁。

生 1：我是从开头种到末尾，每两棵树间隔都是 5 m，一共长 20 m。

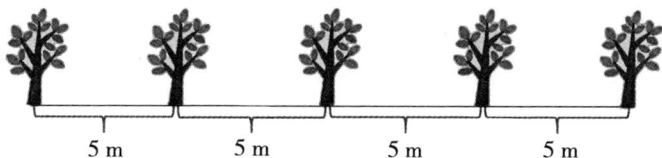

师：符合要求，请大家掌声鼓励。那么，算式怎么列呢？

生1：20÷5+1=4+1=5（棵）。

师：有没有问题要问这名同学？

生2：为什么最后要加1呢？

生1：因为我们种完了4棵树之后，还有1棵树是种在路的尽头处的。

师：这样回答，你满意吗？

生2：嗯，还行吧。

生3：不满意。

生1：种了第4棵树之后还有5 m，这5 m后面还可以再种1棵树。

师：你对他的回答满意吗？

生3：不满意。

师：同学不满意你的回答，而且不是一个同学不满意，好多同学都不满意，谁能帮忙回答一下？

生4：在路的一旁种，从0 m开始，每隔5 m种，所以有5棵。

师：刚才这个同学说，刚开始种的树先不看，这个5 m对应这棵，这个5 m对应这棵……多1棵，这个1指的是哪棵树？

生4：这里的1，是指多出来的第1棵树。

学生回答，教师用箭头表示一一对应，用圆圈出多出来的1棵树。

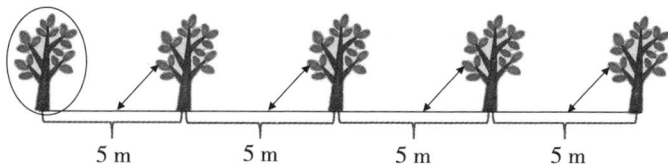

生5：我要表达的意思跟他的差不多，我说的是最后一棵多出来，他说的是第一棵。

师：道理是一样的，这个 5 m 对应这棵，这个 5 m 对应这棵……多出来的 1 棵是最后一棵，我们把掌声送给他。

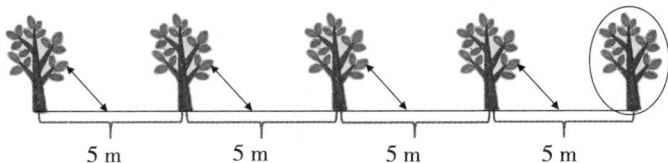

5 m   5 m   5 m   5 m

师："+1"清楚了，请大家继续向这名同学提问。

生 6：20 为什么要除以 5？

生 1：因为每隔 5 m 种 1 棵就是求 20 里面有几个 5，所以用除法计算。

生 7：4 表示什么？

生 1：表示 4 个间隔。

师：什么叫间隔？

生 1：两棵树之间的距离。

师：间隔有 2 个字，谁能用 1 个字表示？

生 1：隔。（学生大笑）

生 2：段。

师：可以吗？

生：可以。（掌声响起）

师：那么，种树是种在什么地方？

生：段的两端。

师：对啊，树是种在段的两端的点上。一段对应一个点，一段对应一个点，还多了一个点。所以，4 段种了 5 棵树。

◇ 思 ◇ 考

纸上得来终觉浅，绝知此事要躬行，可见亲身经历是多么的重要。2022 年版课标强调：要让学生有足够的时间和空间参与观察、动手、交流、说理等活动。所以在新知教学部分，我让学生经历"猜想—实验—

验证"的研究过程。引导学生充分质疑、释疑，借助数形结合和一一对应思想，使抽象的思维过程形象化、直观化，从而建立"两端都种"的模型。

②探讨一端种和两端都不种的情况。

师：刚才谁是种4棵树的？请上台种一种。

教师在黑板上再画个图，学生上来摆教具。

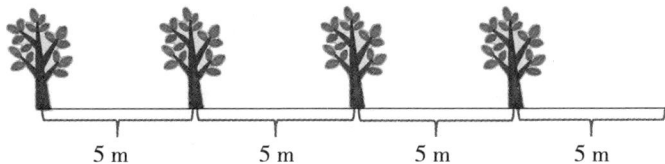

师：你们同意他的种法吗？

生1：不同意。

生2：这条路只有15 m了，没有20 m。

师：还有谁是种4棵的？

生3：空2.5 m种第一棵树，隔5 m再种一棵树……最后空2.5 m。

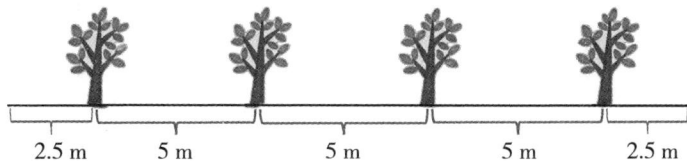

师：赞同吗？

生1：不赞同。

生2：这条路也只有15 m了。

师：还有吗？

生3：先空5 m种1棵，再空5 m种1棵，再空5 m种1棵，再空5 m种1棵。

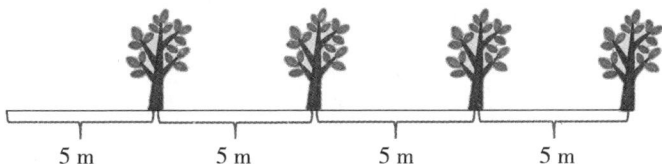

师：第 1 棵或者第 5 棵不种，无缘无故将 5 m 长的路空着不合适，你们能不能帮他们找一个合适的理由？

生 1：种树的没钱了。（全班哄堂大笑）

师：有没有更好的理由？

生 2：如果有一堵墙在路的一端，还能种吗？（掌声响起）

师：是啊！以教学楼前面的这条路为例，教学楼作为起点，这 1 棵树还能种吗？（教师随手在空点的位置画上墙壁）

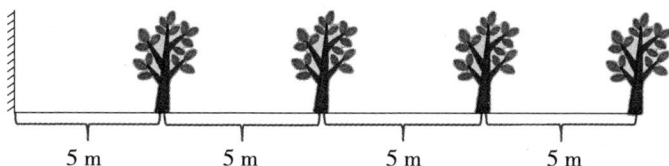

生：因为墙挡住了，种不了了。

师：同学们，这个时候段跟点有什么关系？

生：段数与点数相同了。

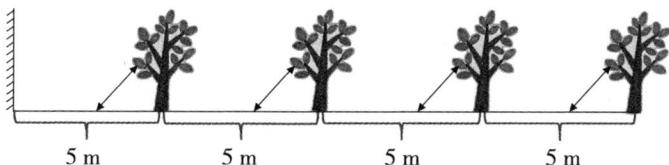

师：是啊！一段一点，一段一点，一段一点，一段一点。如果给第二种情况列一道算式，该怎么列？

生：$20 \div 5 = 4$（棵）。

师：按照刚才的理由，你们觉得可以种 3 棵吗？

生 1：可以！

生 2：再弄一堵墙。

师：他一学就会，把掌声送给他。

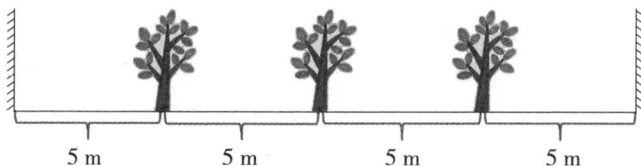

师：谁会列算式？

生：20÷5－1＝3（棵）。

师：为什么"－1"？

生：点数比段数少1。

③沟通联系，建立模型。

师：回顾刚才的学习，请给种树情况各取一个名字。

生：两端都种、只有一端种、两端都不种。（教师随即补充板书）

两端都种：

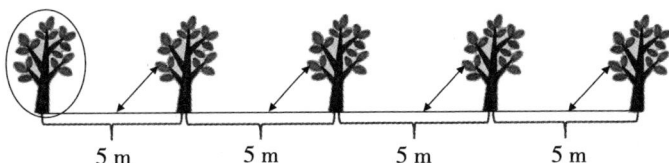

只有一端种：

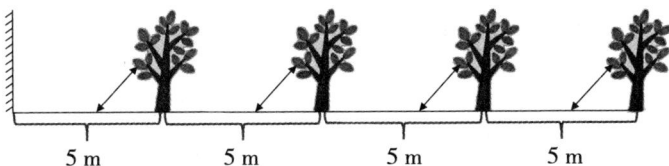

两端都不种：

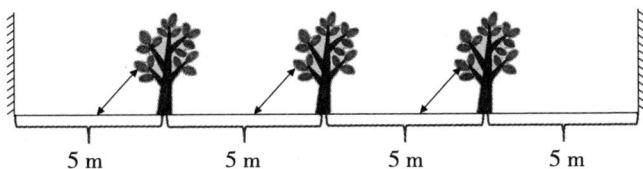

师：这三种种树情况，种树的棵数应该怎样计算？

生：两端都种，棵树＝段数＋1；只有一端种，棵树＝段数；两端都不种，棵树＝段数－1。

师：它们有什么相同的地方？

生1：都和段数有关。

生2：不管哪一种情况都要先算段数，也就是20÷5。

〈思〉〈考〉

植树问题的根本在于点与段的关系，所以教师要将三个问题"类化"，让学生在三种模型的对比与辨析中，发现它们其实都是利用除法的意义先求 20 m 中包含几个 5 m，再用点与段一一对应的数学模型表征，最后明确棵数与段数之间的关系，建构问题模型，使模型数学化。

三、精选练习，深化模型

1. 下面各题属于两端都种、只种一端、两端都不种中的哪一类？为什么？

①A 楼与 B 楼之间有一条长 200 m 的通道，在它的一侧每隔 4 m 种一棵树，一共要种多少棵？

②在长 200 m 的路的一边，每隔 4 m 种一棵树，从头到尾一共要种多少棵？

③在教学楼前面长 200 m 的路的一边，每隔 4 m 种一棵树，一共要种多少棵？

学生讨论，气氛热烈。

师：请一名同学上来，用红笔圈一圈，不用说明道理。

生 1：第①题是两端都不种。（学生将"A 楼与 B 楼之间"圈起来）

生 2：第②题是两端都种。（学生将"从头到尾"圈起来）

生 3：第③题是只种一端。（学生将"教学楼前面"圈起来）

学生列式解答，教师随机抽学号，学生汇报。

师：第①题，请学号为 10 号的同学汇报。

生：$200 \div 4 - 1 = 49$（棵）。

师：第②题，请学号为 20 号的同学汇报。

生：$200 \div 4 + 1 = 51$（棵）。

师：第③题，请学号为 30 号的同学汇报。

生：$200 \div 4 = 50$（棵）。

◇思◇考◇

知识的学习过程包含获取知识、内化和加工知识、应用和转化知识。针对植树问题的三种模型，让学生在圈圈画画中将所学的知识进行巩固和内化，既培养了学生细心审题的良好习惯，又培养了学生运用模型灵活解决实际问题的能力。

2. 先判断下列各题是否属于植树问题，再列式解答。

①沿着教学楼到科技楼之间的小路，在路的一旁插彩旗，小路全长100 m，每隔10 m插一面彩旗，一共要插多少面？

②四年级2个班同学参加植树活动，每班都在路的一边植树12棵，一共植树多少棵？

③一根10 m长的木头，每2 m锯一段，要锯几段？

生1：第①题是在教学楼和科技楼之间插旗，属于两端都种，列式：$100 \div 10 - 1 = 9$（面）。

师：这是植树问题吗？

生1：不是。

师：啊！

生1：其实和植树是一样的，道理是一样的。

师：到底是不是？

生1：是。因为彩旗也是插在每段两端的点上。

师：是啊！插彩旗也是插在点上的，也是研究段数和点数之间的关系。这样的数学问题也属于植树问题。

师：第②题是植树问题吗？

生2：是的。

师：啊？

生3：请问这是一端种、两端种，还是两端都不种？

生2：这个是……一端种。

生 3：段数在哪里？有段数吗？

生 2：没有。

师：哎呀，上当了，它不是植树问题。虽然题目中含有"植树"两个字，但实际上它不是植树问题。第①题虽然没有植树两个字，却是植树问题。

师：第③题是植树问题吗？

生 4：是。

师：怎么列式？

生 4：10÷2+1。

师：他说得对吗？

有的学生说对，有的学生说不对。

学生再次读题：一根 10 m 长的木头，每 2 m 锯一段，要锯几段？

师：2 m 一段，2 m 一段，可锯几段啊？

生：5 段。

师：是植树问题吗？

生：不是。

师：谁能把它改成植树问题？

生：把问题改成"要锯几次"。（掌声鼓励）

◇思◇考◇

植树问题的内涵就是包含除，本质就是对应问题，所以在教学中我们还需要超出"植树"这一特定情境，设法帮助学生清楚地认识到，所有有着相同的数学结构的数学问题都是植树问题，从而帮助学生建构普适的数学模式，提升学生的思维水平。反之，即使谈植树之事，不具有这一数学结构也不是植树问题，学生在亦真亦假的辨析中经历模型的深度建构。

四、回顾总结，课外延伸

师：这节课结束了，你们还有什么问题要提吗？

生 1：还有哪些属于植树问题？

生 2：在圆形花坛一周植树有什么规律呢？

…………

师：有兴趣的同学，可以课外研究。

课例23　逐层比较，优化策略

——"找次品"教学实践与思考

◎**课前思考**

　　本节课属于解决问题的策略研究，此前学习过的沏茶问题、田忌赛马、打电话等都属于这一范畴。学生已经会利用画图、列表的方式初步建立优化数学模型，并会利用优化这一数学思想方法解决相关问题。在科学课上以及学完"等式的性质"之后，学生已经掌握了天平的结构、用法和原理。本节课中要找的次品其外观与合格品完全相同，只是质量有所差异。学生事先已经知道次品比合格品轻（或重），要求学生在众多物品中借助无砝码的天平，用最少的次数找到次品。我力求立足于学生的已有知识与经验，组织学生参与演示、操作、推理活动，逐层比较生成性资源，帮助学生建立找次品的优化数学模型，让学生学会运用优化数学模型解决相应的生活问题，提高课堂教学效率。

◎**教学目标**

　　1.初步认识找次品问题的基本解决策略和方法，能借助无砝码的天平，用最少的次数找出次品。

　　2.经历观察、猜测、试验、推理、比较等活动，逐步建立找次品的最优化数学模型，培养推理能力。

　　3.感受数学在日常生活中的广泛应用，尝试用数学的方法来解决实际生活中的简单问题，激发学习兴趣，发展数学应用意识。

◎**教学重点**

　　初步认识找次品问题的基本解决策略和方法，能借助无砝码的天平，用最少的次数找出次品。

◎**教学难点**

　　理解找次品最优方法背后的原理。

◎教学过程

一、揭示课题，提出问题

1. 揭示课题并板书。

2. 看课题提问题。

生1：什么是次品？

师：好问题，谁来回答？

生2：次品就是废品。

生3：次品就是不合格的产品。

生4：次品就是不完美的产品。

教师出示4瓶口香糖。

师：在这4瓶口香糖中，我手里拿着的1瓶已经被吃掉了几颗，请问哪一瓶可以看作次品？

生5：老师手里拿着的口香糖是次品，因为它比另外3瓶少了。

师：数学上研究的"次品"与生活中的"次品"稍微有点不一样，这瓶口香糖可以看作次品。请继续提问。

生1：找次品有哪些好方法？

生2：找次品需要多少次？

生3：从哪里找次品？

生4：为什么要学习找次品？

生5：因为我们不能将次品卖给别人，所以要找出来。

教师呈现没有砝码的天平。

师：刚才同学们从不同的角度，提出了几个很有价值的好问题，接下来我们可以借助没有砝码的天平，从这几瓶口香糖中找出次品。

思考

找次品问题蕴含着较复杂的推理过程，内容比较枯燥。因此，借助几瓶口香糖帮助学生理解本节课中的"次品"，既增加了情境的真实性，又激发了学生研究的兴趣与欲望，同时又交代了本节课需要借助没有砝码的天平找次品，明确了学习的目的。

二、尝试探究，建立模型

1. 研究从 2 瓶、3 瓶口香糖中找次品，初步感知方法。

有 2 瓶口香糖，问：其中有 1 瓶是次品，至少称几次能保证找出次品？

师："至少称几次能保证找出次品"是什么意思？

生：就是一定能找出次品，而且次数要最少。

师：那么，从 2 瓶中找出 1 瓶次品，至少需要几次？

生：1 次。

学生上台演示。

师：哪瓶是次品？

生：右边是次品，因为次品轻一点才会被翘起来。

有 3 瓶口香糖，问：其中有 1 瓶是次品，至少称几次能保证找出次品？

师：请同学们猜测一下需要几次。

生 1：2 次。

生 2：1 次。

同桌两人以小圆片代替口香糖合作研究，然后交流汇报。

生：1 次。

师：都只有 1 次吗？

生：是的。

学生上台演示。

生：先任意拿出 2 瓶放在天平两边的托盘上，如果不平衡，被翘起来的一瓶就是次品；如果平衡，剩下的就是次品。

师：剩下的这一瓶不用称了吗？

生：因为天平平衡，已经说明天平上的 2 瓶不是次品，另外 1 瓶肯定就是次品了。

师：原来这个次品不是称出来的，而是先找到合格品通过推理得到的。

生：不管是哪种情况都只需要称 1 次，就能找到次品。

师：我们把刚才称的过程简单记录下来：3（1，1，1），1 次。

2. 研究从 4 瓶口香糖中找次品，初步感知找次品模型。

有 4 瓶口香糖，问：其中有一瓶是次品，至少称几次能保证找出次品？

用小圆片代替口香糖，同桌两人合作探究。

学生反馈交流：

生 1：把 4 瓶口香糖平均分成 2 份，天平左边放 2 瓶，右边放 2 瓶，次品在天平翘起来的一边，再将轻的这两瓶称一次，一共称了 2 次。记录 4（2，2）→2（1，1），2 次。

生 2：把 4 瓶口香糖平均分成 4 份。第一次先称 2 瓶，如果平衡，再称剩下的 2 瓶，也需要称 2 次。记录 4（1，1，1，1）→（1，1），2 次。

师：有没有可能称 1 次就找到呢？

生 1：把 4 瓶口香糖平均分成 4 份，先称 2 瓶，如果天平不平衡，称 1 次就能找到次品。

生 2：这是运气好，要保证一定能找到次品，我们要做最坏打算，还要考虑"如果天平平衡"，还得增加 1 次。

师：好一个"最坏打算"！看来从 4 瓶里面找出次品，至少需要称 2 次才行。

3. 研究从 8 瓶口香糖里找次品，发现找次品的最佳方法模型。

师：8 瓶里有 1 瓶是次品，至少称几次能保证找出次品呢？

学生先猜想，再同桌合作验证。

学生反馈交流：

生1：需要称4次。我把8瓶平均分成8份，每份1瓶，两瓶两瓶地称，需要称4次。记录8（1，1，1，1，1，1，1，1）→（1，1），4次。

生2：我只用了3次。把8瓶平均分成4份，每份2瓶；第一次天平的两边各放2瓶，平衡；第二次天平两边各放2瓶，不平衡；第三次将翘起来的2瓶再称1次。记录8（2，2，2，2）→（2，2）→2（1，1），3次。

生3：我也是3次，但是方法不一样，先四瓶四瓶地称，确定次品在哪4瓶中，再两瓶两瓶地称，确定次品在哪2瓶中，最后再称1次就能找到次品。记录8（4，4）→4（2，2）→2（1，1），3次。

师：研究到此为止，我们发现从8瓶中找出次品至少需要3次，那么，次数还能少一点吗？

再次同桌合作研究。

生4：我只用2次。将8瓶分成3份，即3瓶、3瓶和2瓶。先称两份3瓶的，如果平衡，次品在剩下的2瓶里面，再称1次就能找到次品了；如果不平衡次品在翘起来的3瓶里面，再称1次也能找到次品了。不管哪种情况，都只用称2次。记录8（3，3，2）→3（1，1，1）或8（3，3，2）→2（1，1），2次。（全班学生掌声鼓励）

师：太棒了！那么，只用2次的方法有什么特点呢？

生1：将8瓶分成了3份称。

生2：分成3份称，把称、推理都用起来了。

◇ 思 考 ◇

研究"从4瓶中找次品"之后，直接研究"从8瓶中找次品"。学生受"将4瓶进行平均分研究"负迁移的影响，也将8瓶进行平均分研究，发现至少需要称3次才能找出次品。在此基础上，教师提出"称的次数能否少一点"或者"能否称2次就能找出次品"的问题，激发学生思考并突破"平均分"的思维定式，让学习更具挑战性。当然，学习能力较强的班级，可能会有学生直接说出至少称2次的情况。在不同方法与次数的比较中，初步感知找次品模型。

4.研究从9瓶口香糖里找次品，优化找次品的最佳方法模型。

师：9瓶里有1瓶是次品，至少称几次能保证找出次品？

学生先猜想，再同桌合作验证。

学生反馈交流：

生1：将9瓶分成9份，先称2瓶，再称2瓶，再称2瓶，最后再称2瓶，找到次品需要称4次。记录9（1，1，1，1，1，1，1，1，1）→7（1，1，1，1，1，1，1）→5（1，1，1，1，1）→3（1，1，1），4次。

生2：将9瓶分成4瓶、4瓶和1瓶，先称两份4瓶的，确定在其中的1份里，接着从4瓶里找次品还要称2次，共称3次。记录9（4，4，1）→4（2，2）→2（1，1），3次。

生3：我只需要称2次，先将9瓶分成3份，每份3瓶，先称其中的2份，确定在其中的1份里，再从3瓶中找次品，共称2次。记录9（3，3，3）→3（1，1，1），2次。

师：同样是分成3份，为什么有的需要称3次，有的只用称2次呢？

生：平均分成3份，称的次数要少一些。

师：那么，刚才从8瓶中找次品，又是怎样分的？

生：分成3份，每份的数量接近一些。

5.研究从27瓶口香糖里找次品，巩固找次品的最佳方法模型。

师：如果从27瓶里找次品，至少称几次能保证找出次品？建议同学们用不同的方法去称，然后进行比较。

学生合作研究，反馈交流：

生1：至少需要称3次。将27瓶分成3份，每份9瓶，称一次就能确定在哪一份当中，再从9瓶中找出次品，还需要称2次，共称3次，记录27（9，9，9）→9（3，3，3）→3（1，1，1），3次。

生2：将27瓶分成9份，每份3瓶，至少需要称4次才能找出次品，记录27（3，3，3，3，3，3，3，3，3）→18（3，3，3，3，3，3）→12（3，3，3，3）→6（3，3）→3（1，1，1），4次。

师：如果将 27 瓶平均分成 27 份，每份 1 瓶，至少需要称几次呢？

生 1：至少需要称 13 次。

生 2：只有平均分成 3 份称，才能保证找到次品称的次数最少。

师：为什么？

同桌讨论交流后汇报。

生：平均分成 3 份，称一次就把次品的范围确定在总数的 $\frac{1}{3}$ 里，这样称的次数最少。

师：不能平均分的怎么办？

生：不能平均分的，尽量平均分，也就是使每份数量相差 1。

师：太棒了！我们可以借助图示来帮助理解一下。先用一个圆形表示物品总数，再将它平均分成 2 份、3 份、4 份、8 份……放天平上称一次后，第二次称还要分别从总数的 $\frac{1}{2}$、$\frac{1}{3}$、$\frac{2}{4}$、$\frac{6}{8}$……中去找，所以，平均分成 3 份后找次品，所需要称的次数最少。

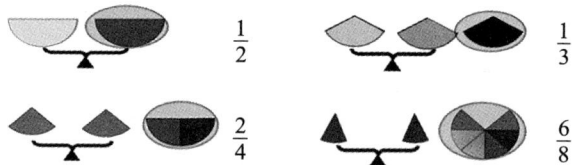

6. 找规律，建立找次品的数学模型。

师：称 2 次，物品总数可以是多少呢？

生 1：可以是 4 个，也可以是 9 个。

生 2：物品总数还可以是 5、6、7、8。

生 3：物品总数在 4 个至 9 个之间都只用称 2 次。

师：如果物品总数是 10 个呢？

生：至少需要称 3 次了，将 10 个分成 3 个、3 个、4 个，称 1 次；接着从 4 个里找次品还需要称 2 次，一共需要称 3 次。

师：刚才我们研究了从 27 个里找次品也只需要称 3 次，那么，物品总数是 28 个，能保证找出次品至少需要称几次呢？

生 1：至少称 4 次，3 次最多在 27 个里面找，28 比 27 多 1，所以要称 4 次。

生 2：至少称 4 次，先将 28 个分成 3 份，9 个、9 个和 10 个，再按从 10 个里找的方法，记录 28（9，9，10）→ 10（3，3，4）→ 4（2，2）→ 2（1，1），4 次。

师：为了研究方便，我们一起来整理一下。你能接着往下填吗？

物品总数 / 个	称的次数 / 次
2 ～ 3	1
4 ～ 9	2
10 ～ 27	3

生 1：物品总数 28 ～ 81 个，称的次数为 4 次。

生 2：物品总数 82 ～ 243 个，称的次数为 5 次。

生 3：物品总数 244 ～ 729 个，称的次数为 6 次。

师：观察表格，你能发现称的次数和物品总数有什么关系吗？

生 1：几个 3 相乘的积就是物品的最多个数，几个 3 相乘称的最少次数就是几。

生 2：n 个 3 相乘的积就是物品的最多个数，n 就是称的最少次数。

师：同学们，你们太棒了！

◇ 思 考 ◇

在动手试验、分析比较等活动中，引导学生初步感知找次品的数学模型，为建立"平均分"的方法模型奠定基础。用一个圆形表示物品总数，直观形象地说明第二次称还要分别从总数的 $\frac{1}{2}$、$\frac{1}{3}$、$\frac{2}{4}$、$\frac{6}{8}$……中去找。不但要让学生知道将物品总数平均分成 3 份去找次品，而且要知道为什么。把教材里的"你知道吗"融入新课教学之后，并与3的n次方建立联系，形成模型结构。

三、解决问题，应用模型

有15盒饼干，其中14盒质量相同，另有1盒少了几块饼干。如果能用天平称，至少称几次可以保证找出这盒饼干？

生1：将15盒饼干平均分成3份，每份5盒，再按照从5盒里找次品里的方法，一共需要称3次。记录15（5，5，5）→5（2，2，1）→2（1，1），3次。

生2：在15盒里找次品，在物品总数在10～27这个范围里，利用上面的规律，至少称3次。

◇思考◇

巩固练习是把找次品问题的情境变换一下，让学生学会灵活运用知识解决问题，学会举一反三，并感受到找次品问题与生活的密切联系，发展学生的应用意识与创新意识。

四、总结内化，课外探索

1. 回顾总结。

2. 课外探索。

课例 24　数形结合百般好
　　　——"数与形"教学实践与思考

◎**课前思考**

　　我曾多次听"数与形"一课，但是都感觉不太满意。可能是因为这节课难上，因为这节课的学习内容多、容量大。就有关"数与形"的知识来讲，有三角形数、正方形数、长方形数、五边形数、六边形数……还有一些相关的数学文化内容。对于这些知识，如何在教学设计时进行有效的取舍，形成优秀的教学设计，是很多教师的困惑。一些教师的课堂出现数是数、形是形这样数与形结合不够紧密的现象，即使有的教师能将两者扯在一起，也是比较牵强，学生很难理解数形结合的优势。那么，如何上好这节课呢？从形入手，让学生看图列式计数，或从数入手，让学生看数画图，哪种方式更适合学生的认知规律呢？要弄清这个问题，我们首先要回答一个最基本的问题："教材为什么要安排这节课？"我认为其目的在于让学生感受数形结合的好处或优势，让学生感受到数有了形的支撑，将更加有内涵、有深度。为此，我选择了从数入手进行教学，让学生在画图中感受数形结合的魅力。

◎**教学目标**

　　1. 体会数与形的联系，能借助形来解决一些与数有关的数学问题。

　　2. 经历观察、操作、归纳等活动，借助形直观感受形与数之间的关系，感悟数形结合思想。

　　3. 激发用数形结合思想解决问题的兴趣，拓宽解题策略，提高解决问题的能力，感受数学的魅力。

◎**教学重点**

　　发现数与形之间的关系，用数形结合的思想解决问题。

◎**教学难点**

形成并会应用数形结合思想。

◎**教学过程**

一、揭题提问、理解意义

1. 揭题提问。

师：这节课我们一起来研究"数与形"（板书课题），看到这个课题，你们有什么问题要提？

生 1：为什么要研究数与形？

生 2：数有哪些？形有哪些？

生 3：数与形有什么关系？

生 4：学了数与形有什么用？

师：哪个同学能回答这些问题？

生 5：数有整数、小数、分数，还有接下来要学习的负数；形有线段、角、长方形、正方形、三角形、五边形、六边形等。

师：不过，今天我们研究的数还包括由这些数组成的一些算式。

生 6：我们可以用数表示图形的个数。

2. 理解意义。

师：著名的数学家华罗庚有一句关于数与形的名言——数缺形时少直观。

师：这句话是什么意思？

生：数缺少了图形的支撑就不直观了。

师：直观是什么意思？

生：看上去一目了然。

师：数有了形的支撑真的会直观吗？我们不妨研究一下。

◇思 考◇

数与形中蕴含着规律，如何找到规律，是形成数形结合思想的关键。

在以前的学习中，学生接触过大量数和形，对此并不陌生。因此，从数和形的关系入手，能让学生初步感悟数与形之间的密切联系，是数与形教学的重点。在教学中，我让学生提有关数与形的问题，帮助学生找到认知停靠点，为接下来的探究奠定基础。

二、探索研究，掌握新知

（一）初步研究"1+3+5+7+…"与平方数之间的关系

师：算式 1+3+5+7+9+11，它的答案是几？你们是怎么算的？

生 1：1+11 = 12，3+9 = 12，5+7 = 12，12×3 = 36。

生 2：9+11 = 20，3+7 = 10，1+5 = 6，20+10+6 = 36。

生 3：1+3 = 4，4+5 = 9，9+7 = 16，16+9 = 25，25+11 = 36。

师：计算这道题有几种不同的方法，但是答案都是 36。如果我们画图研究一下，会怎样呢？请在方格纸上画小正方形，1 就画 1 个小正方形，加 3 就再画 3 个小正方形，以此类推，看一看我们画的图，能否给我们带来"一目了然"的效果。

学生画图研究，教师巡视指导。

先后呈现学生的作品。

呈现作品 1：

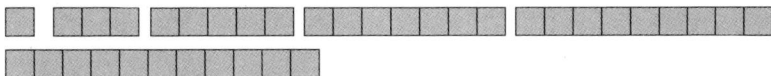

师：直观吗？

生：直观。

呈现作品 2：

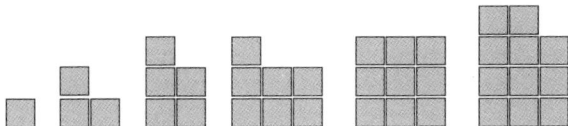

师：直观吗？

生：直观。

呈现作品 3：

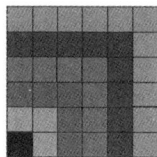

师：直观吗？

生：直观。

师：哪幅图最直观？为什么？

生1：第3幅图最直观。（全班学生都赞同）

生2：一看就知道有36个小正方形。

生3：看图就能发现 $1+3+5+7+9+11 = 6 \times 6 = 36$。

教师小结：将这些小正方形画成一个大正方形是最直观、最简洁的，真的是"一目了然"，一看就知道 $1+3+5+7+9+11 = 6 \times 6 = 6^2 = 36$。画图之前，我们想到了3种计算方法，画图之后，我们还得到了第4种计算方法，而且这种方法是最简洁的。

◇思◇考◇

让学生自主建立数与形之间的联系，并不是一件容易的事。如何让学生深刻体会到形可以有效地表征数？动手操作是关键。我们要提供充分的活动时间与空间，让学生在画图中找到数与形的联系，促进学生高阶思维的发展。

（二）深入研究，感受规律

学生从下列算式中任选2道，画图研究。

1+3+5

1+3+5+7

1+3+5+7+9

1+3+5+7+9+11

1+3+5+7+9+11+13

1+3+5+7+9+11+13+15

学生画图研究，教师巡视指导。

呈现学生作品：

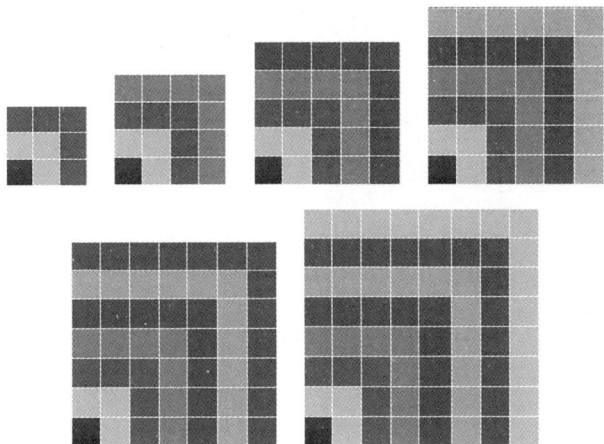

师：同学们太棒了！

（三）变式练习，运用规律

算式 1+3+5+7+…+89+91。

师：不画图，你能用乘法算式表示吗？

生1：可以用"（第一个数＋最后一个数）×加数个数÷2"进行计算。

生2：加数的个数是几呢？

生1：要数一数。

生3：1+3+5+7+…+89+91 ＝ 46×46，如果画图可以画成边长是46的正方形。

师：为什么这个正方形的边长是46呢？

生3：根据前面的规律得到的，如 1+3+5，（1+5）÷2 ＝ 3；1+3+5+7，（1+7）÷2 ＝ 4；1+3+5+7+9，（1+9）÷2 ＝ 5；因此，（1+91）÷2 ＝ 46。

师：有什么方法能很快知道正方形的边长是几？

生1：（尾数＋1）÷2 就是层数，也就是大正方形的边长。

生2：尾数就是正方形的边中一横一竖"L"形的个数，（尾数＋1）就是两条边的个数,(尾数 +1)÷2 就是这个正方形每边的个数,总共的个数就是边长的平方。

生 3:我发现加数有几个,和也就是几的平方。

(四)反思与小结

师:通过刚才的研究,你有什么想法?

生 1:数与形结合太巧妙了!

生 2:数与形结合太神奇了!

生 3:数学太有趣了。

师:同学们,正因为数与形结合如此巧妙、神奇,所以著名数学家华罗庚还说了一句话"数形结合百般好"。(板书:数形结合百般好)

◇思◇考◇

学生体会到数与形之间的联系后,已经初步感悟了数形结合思想。通过变式练习,打破学生画图研究的常规思维定式,发现不能够再用画图数方格的方法解决问题,倒逼学生总结数与形之间的深层次的内在规律,为数的计算方法的产生奠定基础。这样,让学生经历一个从数到形、再从形到数的数学方法提炼过程,学生数学核心素养的发展就有了教学实践的支撑。

三、类比迁移,拓展研究

1. 研究 $\frac{1}{2}+\frac{1}{4}+\frac{1}{8}+\frac{1}{16}+\frac{1}{32}+\cdots$。

师:整数有这样的规律,分数是否也有呢?

师:算式 $\frac{1}{2}+\frac{1}{4}+\frac{1}{8}+\frac{1}{16}+\frac{1}{32}$ 等于多少?

生:$\frac{1}{2}+\frac{1}{4}+\frac{1}{8}+\frac{1}{16}+\frac{1}{32}=\frac{16}{32}+\frac{8}{32}+\frac{4}{32}+\frac{2}{32}+\frac{1}{32}=\frac{31}{32}$。

师:请画图研究一下。

学生画图研究,教师巡视指导。

先后呈现学生的作品。

呈现作品 1:

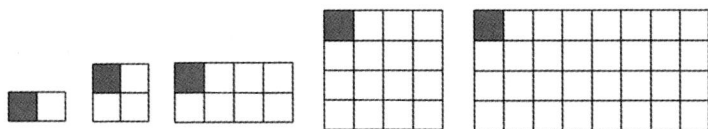

师：直观吗？

生：直观。

呈现作品 2：

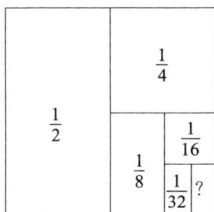

$$\frac{1}{2}+\frac{1}{4}+\frac{1}{8}+\frac{1}{16}+\frac{1}{32}=1-\frac{1}{32}=\frac{31}{32}$$

师：请仔细看图，你们有什么问题吗？

生 1：为什么 $\frac{1}{2}+\frac{1}{4}+\frac{1}{8}+\frac{1}{16}+\frac{1}{32}=1-\frac{1}{32}$ 呢？

生 2：因为这几个分数相加的和与整个正方形还相差 $\frac{1}{32}$，所以 $1-\frac{1}{32}$ 就是它们的和。

师：$\frac{1}{2}+\frac{1}{4}+\frac{1}{8}+\frac{1}{16}+\frac{1}{32}+\frac{1}{64}=$？

生：等于 $\frac{63}{64}$。

师：$\frac{1}{2}+\frac{1}{4}+\frac{1}{8}+\frac{1}{16}+\frac{1}{32}+\frac{1}{64}+\frac{1}{128}=$？ $\frac{1}{2}+\frac{1}{4}+\frac{1}{8}+\frac{1}{16}+\frac{1}{32}+\frac{1}{64}+\frac{1}{128}+\frac{1}{256}=$？

生：等于 $\frac{127}{128}$，等于 $\frac{255}{256}$。

师：$\frac{1}{2}+\frac{1}{4}+\frac{1}{8}+\frac{1}{16}+\frac{1}{32}+\cdots$答案会越来越接近于几呢？

生：1。

呈现作品 3：

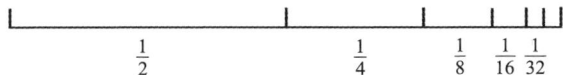

生：从线段图上看，可以更加直观地看出 $\frac{1}{2}+\frac{1}{4}+\frac{1}{8}+\frac{1}{16}+\frac{1}{32}+\cdots$ 的答案会越来越接近 1。

师：非常棒！

2. 研究 $8+4+2+1+0.5+0.25+0.125+\cdots$。

师：将正方形内的整数改成分数，你能快速计算出 $8+4+2+1+0.5+0.25+0.125$ 的答案吗？

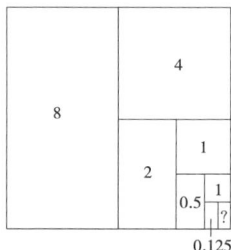

生：$8+4+2+1+0.5+0.25+0.125 = 16-0.125 = 15.875$。

◇思◇考◇

通过类比迁移，从整数到分数再到小数，激发学生深度探究的积极性。学生将探究整数的方法迁移到分数、小数中，根据算式的特点进行画图操作、思考，猜想验证分数、小数中数与形的联系，从而很好地诠释了以形助数的奇妙，让学生更深刻、更全面地理解数形结合思想。

四、回顾总结，课外探索

1. 回顾总结。

通过学习，我们从形的演变中找到了数的运算的简便方法，知道了数与形之间有着紧密的联系。

2. 课外探索。

数形结合的魅力远不止于这节课学到的，在数学中还有好多数与形的知识等着我们去探究。

后记

我从2003年9月开始研究小学数学拓展课，至今已有21年。刚开始一个人单独研究拓展课，慢慢地，省、市陈加仓名师工作室学员也逐步加入了研究，形成了拓展课研究团队。拓展课相关的研究成果也陆续出版，《小学数学拓展课：教什么，怎么教》《小学数学拓展课案例精选》《小学数学拓展课：学什么，怎么学》得到了广大教师、专家的认可。拓展课的研究从"拓学习内容"到"拓学习方式"，再到现今的"拓文化自信"，为了更好地拓展学科育人的功能，我们开展了基于中华优秀传统文化的小学数学拓展课教学研究。近几年来，省、市陈加仓名师工作室学员承担了开发温州大学华侨学院网络课程的任务，面向海外华校以及华人华侨子女公益执教数学拓展课，得到了国内外专家、教师与领导的充分肯定。数学拓展课研究团队将该课程整理成数学文化系列读本《数学文化彩虹桥》，也即将出版发行。

2022年4月，教育部颁布了《义务教育课程方案（2022年版）》及《义务教育数学课程标准（2022年版）》。作为一线特级教师、正高级教师，应带头学习课标，践行课标理念，并总结成文，为广大教师提供范例。由于2022年10月工作岗位变动，我兼任了区教育研究院院长，但又不想放弃一线课堂教学研究。因此，我硬着头皮顶着压力，让学校年轻教师进行"点餐"上课。经过一段时间的努力，发现积累的常态课课例也是一笔财富。当前，在全国上下掀起"学习新课标、践行新理念"的热潮下，激励广大教师上好每一节常态课，激励广大名师将常态课公开，显得十分有意义。因此，我产生了整理成书的想法，并将之前总结成文的课堂教学观点融入其中。

在整理成书的过程中，我得到了温州大学城附属学校教育集团同事以及省、市陈加仓名师工作室学员的大力支持，借此表示衷心感谢。初稿形成之后，我特别邀请了浙江省特级教师、正高级教师符玲利老师，浙江省教坛新秀、浙江师范大学博士生唐慧荣名师，以及吴成业、戴本琴、白雷等名师作为第一批读者，为本书修改与完善提出了许多宝贵意见和建议，也借此机会表示衷心的感谢。

愿此书的出版发行能给广大教育同仁带来一点点启发。希望自己能够以此为新的起点，继续坚持上好每一节"点餐"常态课，形成更多的数学常态课范例。由于本人水平有限，书中会有许多不足之处，敬请各位读者多多批评指正。

陈加仓

2024 年 3 月 10 日